管理不简单，但很管用

成旺坤 ◎ 著

北京工业大学出版社

图书在版编目（CIP）数据

管理不简单，但很管用 / 成旺坤著. —北京：北京工业大学出版社，2017.10
ISBN 978-7-5639-5654-8

Ⅰ. ①管… Ⅱ. ①成… Ⅲ. ①企业管理 Ⅳ. ①F272

中国版本图书馆 CIP 数据核字（2017）第 213672 号

管理不简单，但很管用

著　　者：成旺坤
责任编辑：马潇潇
封面设计：陈国风
出版发行：北京工业大学出版社
　　　　　　（北京市朝阳区平乐园 100 号　邮编：100124）
　　　　　　010-67391722（传真）　bgdcbs@sina.com
出版人：郝　勇
经销单位：全国各地新华书店
承印单位：三河市九洲财鑫印刷有限公司
开　　本：787 毫米 ×1092 毫米　1/16
印　　张：15
字　　数：166 千字
版　　次：2017 年 10 月第 1 版
印　　次：2017 年 10 月第 1 次印刷
标准书号：ISBN 978-7-5639-5654-8
定　　价：39.80 元

版权所有　翻印必究
（如发现印装质量问题，请寄本社发行部调换　010-67391106）

序

当前,越来越多的管理者想要在管理过程中获得一种越管越轻松的感觉。但是,由于近几年市场竞争越来越激烈,使得这件本来应该很容易的事情变得越来越难,也让更多的人开始寻求当前最能够与企业发展相适应的管理方法,从而让管理在企业的发展中起到很实际的作用,而不是让管理者被错误的管理方法所引导,导致身心俱疲、忙碌不堪。

对于真正能做到越管越轻松的管理者来说,只有针对企业可能出现的问题以及企业特性,有目的地设计开发教程,有针对性地实施培训或者训练员工,才能在企业管理当中真正做到有效管理,进而带动企业不断发展,让企业走向更远的未来。因此,在企业的发展过程中,管理者必须要学会将管理做到位,不断促进企业的发展和进步。

本书《管理不简单,但很管用》就是站在管理者的角度,向读者介绍了在当今社会,企业要想更好地生存,应该如何对管理的作用加以重视。本书从多个维度对管理方法进行了详细的阐述，真正让管理者了解到管理的精髓，并且将其运用到实际之中，更好地实施企业管理。当然，本书还以发展迅速的华为的管理方法为一个重点阐述对象，更好地向读者展示它强大的管理能力，从而方便管理者更好地认识企业管理的精髓。

本书详细地从管理对于企业的重要性、价值创造、战略管理、团队管理、执行管理、研发管理、时间管理、文化管理和危机管理等九方面来对管理进行详细的阐述，并且结合当今社会最新、最有代表性的管理实例进行详细的分析和解剖，让管理者不仅能够明白管理的概念，更能深入地理解管理在企业中的重要地位，能够真正让管理实现虽然不简单，但是很管用。

在企业中，没有特别差劲的员工，更没有天生就比较糟糕的团队，只有不会管理的领导。对于管理来讲，其最高境界就是将所有员工团结起来，让他们自由、自发地完成工作，而不是常常让管理者自己手忙脚乱。只有真正将管理做到越来越有效，才能让更多的人为你效力，从而让大家为企业创造出更高的利润。

可能人人都可以称自己为管理者，但是要想成为一个优秀的管理者就必须真正系统而又全面地学习管理知识，并且要在学习的过程中不懈努力。因为，市场的竞争越发激烈，企业的管理方式也在不断进步。只有做到不故步自封，随时掌握最新的管理方法和方式，才能真正将管理做到位。

杰克·韦尔奇曾经说过："管理就是把复杂的问题简单化，混乱的事情规范化。"管理对于企业的发展已经越来越重要。没有管理的企业很可能会陷入一团乱麻之中，无法进行正常的工作和运营。人们只有真正学会如何进行管理，才能更好地担任企业管理者一职。因此，希望通过阅读此书，能够让大家更好地运用企业管理技巧，成为一名优秀而卓越的管理者。

目 录

第一章 企业长存之道：回归管理本质

互联网的发展为企业的管理带来了新的理念，很多传统企业在转型的道路上照搬这些管理理念，而忽略了管理的本质。要知道，企业的生存是以管理本质为支撑的，企业要想长存，必须回归管理本质。在现代企业管理中，互联网只是助力，企业要做的是以实际的行动提高效率；紧盯目标，提高效益。

第一节　管理制胜：互联网只是助力 / 002

第二节　管理不是概念，是行动 / 007

第三节　管理的五大本质职能 / 010

第四节　管理的核心：效率 / 014

第五节　管理的终极目标：效益 / 018

第六节　华为启示录：管理17万大军的秘籍 / 021

第二章 价值创造：客户决定一切

客户就是上帝，企业依靠客户生存。所以，企业要围绕客户的需求生产产品，为客户创造价值，因为客户才是决定一切的人。这就要求企业有价值创造的能力，并且要服务好客户。

第一节　创造价值是企业生存之本 / 026

第二节　价值创造的核心：用户 / 029

第三节　企业的价值创造能力 / 032

第四节　岗位职责与价值创造 / 038

第五节　互联网：从价值传递到价值创造 / 041

第六节　华为启示录：为客户服务是华为存在的唯一理由 / 044

第三章　战略管理：抉择、权衡和各适其位

　　"竞争战略之父"迈克尔·波特将战略管理的本质定义为抉择、权衡和各适其位。战略的起点受抉择的影响，所以企业要学会取舍，学会去抛弃一些东西。只有将最精锐的部分组合到一起，才是企业取得战略胜利的关键。同时，学会判断不做什么与要做什么，这在战略管理中占有同等重要的地位。

第一节　战略：设定界限+确定方向 / 048

第二节　战略管理是一个系统 / 052

第三节　战略管理VS业务管理 / 056

第四节　设计战略管理系统的四种模式 / 060

第五节　谁在执行战略管理 / 063

第六节　如何执行战略管理 / 066

第七节　华为启示录：通过战略调整实现逆势增长 / 070

第四章　团队管理：建立信任，赢人心

　　团队管理的关键就在于团队成员之间要建立信任，赢得人心。所以，团队的管理要以信任为核心；关注员工的利益和发展空间；允许员工犯错误；让员工体会到工作的乐趣。

同时，管理者还要懂得倾听员工的意见和建议，给员工营造"家"一般的感觉，让员工有归属感，使企业与员工荣辱与共。

第一节 以建立团队的信任为核心 / 076

第二节 从"钱"和"前"的角度去关注员工 / 080

第三节 给员工做事和犯错的机会 / 084

第四节 让员工体会到工作的乐趣 / 087

第五节 共同分享工作成绩 / 090

第六节 善于倾听并正视员工的意见和建议 / 093

第七节 建立员工对企业的归属感 / 097

第八节 华为启示录：要活大家一起活 / 100

第五章 执行管理：获得预期结果

执行，是一个在管理中将想法变为结果的过程，也是两者之间的纽带。在企业的管理中，只有强大的执行力，才可能帮助企业获得预期结果，企业才能获得较高的利润。所以，企业的执行管理要以获得预期结果为目标。

第一节 结果导向，要做到更要做好 / 104

第二节 明确责任，建立问责制 / 108

第三节 锁定目标，一次只抓一只兔子 / 112

第四节 强化沟通，实现无缝对接 / 115

第五节 实时跟进，过程管控必不可少 / 119

第六节 奖惩制度决定全员执行力 / 122

第七节 华为启示录：华为的"三高"机制 / 125

第六章 研发管理：创新才是核心

创新是企业生存和发展的关键，在互联网时代，创新更是提高企业竞争力的重要保证。所以，企业应为员工创造鼓励创新的环境，在研发中还要打破部门界限，实现跨部门协作，确保研发成果。然而，创新具有风险性，所以，不能以暂时的研发成败论英雄。

第一节　创造一个鼓励创新的环境 / 128

第二节　将营销观念融入研发中 / 131

第三节　给研发人员足够的成就感 / 134

第四节　跨部门协作确保研发成果 / 137

第五节　技术管理一定要注重积累和分享 / 140

第六节　高效研发的五个关键步骤 / 143

第七节　不因暂时的研发成败论英雄 / 146

第八节　华为启示录：新开发量高于30%不叫创新，叫浪费 / 149

第七章 时间管理：让工作有序且高效

时间管理对于工作的进行来说是格外重要的，要想在有限的工作时间内更加有序且高效地完成工作，就必须要对时间进行管理。如果没有对时间的规划和管理，就没有高效的工作状态。所以，管理者必须善于管理时间，让自己和员工的工作效率变得更高，从而提升整个企业的运营效率。

第一节　做好时间管理的六件事 / 154

第二节　建立正确的优先顺序 / 157

第三节　改掉拖延的坏习惯 / 161

第四节　超负荷工作不可能高效 / 165

第五节　远离令人分心的事物 / 168

第六节　不要浪费别人的时间 / 171

第七节　促进工作和生活的平衡 / 175

第八节　华为启示录：华为时间管理四原则 / 179

第八章　文化管理：管理思维与行动

　　文化是企业发展的核心力量，也是企业为员工营造归属感的关键。企业要想更好地实现文化建设就必须从企业的文化管理入手，从思想与行动两方面进行文化的管理。当然，企业的文化一定要有着积极、正向的推动力量。

第一节　企业文化的力量 / 184

第二节　谁在影响企业文化 / 187

第三节　企业文化建设的七大技巧 / 191

第四节　文化是一种心理契约 / 194

第五节　企业文化落地要关注细节 / 197

第六节　避开企业文化的误区 / 199

第七节　华为启示录：华为文化的建设与落地 / 202

第九章　危机管理：危机预防和危机处理

　　随着市场竞争的激烈，越来越多的企业开始重视危机管理。要做好危机管理，首先要培养全体员工的危机意识，并建立预警机制预测危机，还要成立专门的危机管理小组来应对可能产生的危机。其次，还要建立有效的信息传播系统，尽量避开危机管理的雷区。

第一节　培养全员危机意识 / 206

第二节　建立预警机制，准确预测危机 / 209

第三节　成立专门的危机管理小组 / 212

第四节　危机中企业的生存法则 / 215

第五节　建立有效的信息传播系统 / 218

第六节　避开危机管理的雷区 / 221

第七节　华为启示录：《华为的冬天》/ 224

第一章

企业长存之道：回归管理本质

互联网的发展为企业的管理带来了新的理念，很多传统企业在转型的道路上照搬这些管理理念，而忽略了管理的本质。要知道，企业的生存是以管理本质为支撑的，企业要想长存，必须回归管理本质。在现代企业管理中，互联网只是助力，企业要做的是以实际的行动提高效率；紧盯目标，提高效益。

第一节　管理制胜：互联网只是助力

在这个全民互联网的时代，几乎人手一台电脑、人手一部智能移动设备，任何东西都能通过互联网去解决。随着互联网不断地深入我们的生活，我们的生活因为互联网而便捷起来。互联网不仅仅是一种工具和技术，也是一种创新思维，即开放、协作、共享、高效、专注、口碑。

在互联网时代，一个企业要想收获成功就需要收获客户，想要收获客户就需要有周到的服务，想要有周到的服务就需要有高效的管理。因此，管理才是企业生存之本。企业想要通过互联网的新概念和互联网思维去提升自己，这是无可厚非的。如果不会正确地运用互联网概念、正确为互联网定位，那么结果也不会像我们想象中的那么美好。那么，在互联网时代，企业应当如何充分利用互联网思维实现良性管理呢？

1. 用互联网思维提升企业管理效率

互联网思维简单来讲就是三个字"短、平、快"。因此，可以说，用互联网思维来进行企业管理，是提升企业效率的绝佳方式之一。互联网作为一种新型的技术，它与传统的手段相比极大地提升了沟通效率、组织效率，促进了商业模式的转变。

（1）沟通效率

基于互联网，各种社交软件层出不穷，例如QQ、微信、电子邮箱、手机短信等。除了朋友之间、亲人之间用这些工具可以聊天、互动之外，企业管理者也同样可以使用这些工具与各级人员进行及时高效的沟通，传达企业的文化精神、派发工作任务等。这样可以减少因组织会议而带来的烦琐之事，可以节省员工的时间，将更多的时间用于产品的研发、销售等环节。

（2）组织效率

所谓组织效率实际上是指市场化效率。借助互联网提升组织效率这一点，金融领域是不折不扣的典范。

以往，人们办理银行业务，往往需要在银行大厅内排很长的队，花费半天的时间才能办理完毕。然而，互联网的出现使得一切都变得简单、快捷，用户只需要注册并登录网银，就可以通过互联网在各银行的电子银行中轻松完成业务办理，这样在很大程度上节省了客户的办理时间，也正是因为这一点，使得广大用户对电子银行更加青睐。

（3）商业模式的转变

商业模式的转变，顾名思义就是通过借助互联网思维来改变传统企业运营的商业模式，从而提升企业运营效率。小米是典型的用商业模式创新来提升企业管理效率的例子。

对于传统企业来讲，它们往往是"一手交钱，一手交货"的模式，而小米则不同，小米借助互联网采用一种预售模式，让用户先通过互联网渠道并且采用限量的方式进行产品预订，这样借助互联网思维的饥饿营销模式，让用户产生一种"既得即幸运"的心理，并且对这种预售的商业模式乐此不疲。2014年，小米公司12个小时售出近130万台小米手机，支付金额超过15亿元人民币。这就是互联网时代创新商业模式创造的效率奇迹。

2. 用互联网思维提升企业管理执行力

市场竞争日益激烈，在大多数情况下，企业与竞争对手的差别就在于双方的执行力。如果对手在执行方面比你做得更好，那么对手就会在各方面领先。因此，作为企业的管理者，一定要想方设法通过充分发挥自己的管理才能去提升企业全员的执行力。互联网思维同时也是一种帮助管理者提升企业执行力的利器。

（1）多强调员工的智慧，少强调员工的服从

互联网思维的一个特点就是开放，让每个员工在工作的过程中发散思维，创造和设计出更加有创新性的产品和运营策略。因此，企业管理者应当多强调员工的智慧，少强调员工的服从，因为如果一味地像过去一样强调员工要无条件服从，一丝不苟地按照企业标准执行上级命令，这样就对员工在工作中的创造性思维和发散性思维有所约束，就不会有更好的创新产品、创新营销模式出现。互联网时代的员工需要的是主观能动性，强调的是智慧执行，拼的是智力；因此，对于管理者来讲，你界定的应是正确的结果，而不是操作的步骤，要知道，智力比体力重要，选择比努力重要。

（2）多强调"人"，少强调"事"

对于员工来讲，薪资是其满足物质生活的必需品，因此，工作对他们来讲是一种谋生的手段，但是在追求物质生活满足的基础上，员工同时也会注重工作的快乐，他们强调的是一种工作体验。互联网时代，是一个"体验为王"的时代，管理者应当充分利用互联网的这一特性，更多地注重员工的参与感，强调工作舒适度，执行自己认为可执行的任务，而不是命令的任务。因此，管理者应当明白，人比事重要，体验比完成重要。

（3）多强调机制改革，少强调员工心态

互联网的出现是对传统思维模式的一种冲击，更是对企业管理机制的一种改革。在传统思维模式下，员工表现出的工作态度是"出工不出力"，当一天和尚撞一天钟就"有饭吃"，这给管理者提升企业执行力带来了很大影响。互联网时代，管理者应对企业机制进行改革，通过科学、合理的奖惩机制，让员工摆正心态，有足够的工作动力，这样才能真正从根本上提升员工执行任务的主观能动性。

诚然，企业借助互联网思维能够对员工进行有效管理，但是它并不是万能的。想要真正让企业在这种大的竞争环境之下杀出一条通往成功的路，那么必然要以管理为主，以互联网为辅。互联网作为一个将万物互联起来的科技，能够将我们的生活圈子组合起来。利用互联网我们能足不出户挂号看病、点外卖，能够与朋友视频畅聊等。但是说到底互联网只是一个辅助的工具，互联网不能直接给人看病、不能给人做饭、不能将朋友直接送到我们面前。我们利用互联网让生活更加便利的同时，也不要过分依赖互联网，明确互联网辅助的地位将会使企业发展更具广阔的前景。我们应当回归企业的本质，学会管理，创造高效率、高收益，为顾客提供更好的产品和服务，成功成为市场翘楚。

现如今的网上订餐平台依靠着互联网起家，通过搭建餐厅与就餐客户之间的桥梁获利。这不仅方便了人们的日常就餐，餐厅的销量也有了很大的增长。客户只需要在网上敲敲手指，一份精美的餐点就会送到客户的面前。这些网上订餐平台不但有专门的配送员解决餐厅无人配送的问题，同时也极为注重餐饮质量，对质量严格把控，并且利用好评、规定时间送餐等方式管理送餐人员，将这些与他们的工资挂钩，从线上到线下每一步都层层把关。它们充分发挥管理的价值，将产品的质量、商家的服务质量、客户的评价都串联在一起，构建一个能够三赢的局面。

总之，互联网作为万物互联的基础是有很多作用的，但互联网始终只能作为企业发展的一个辅助工具，企业最重要的本质仍然是管理。只有寻找一整套行之有效的管理方式，才能推动企业高效运行，才能让企业赢得客户的喜爱，从而赢得一片天地。

第二节 管理不是概念,是行动

说到企业管理,似乎很多人都能侃侃而谈,但是真正起作用、能提高企业效率的管理之道是需要行动的,否则一味地纸上谈兵根本没有任何作用。而且,不同企业所需要构建的管理模式也不同,其他优秀企业的管理模式到自己这里不一定适用。企业应该探寻适合企业自身的管理模式,并且行动起来,用高效的管理创造高效业绩。

行动是需要高效执行力的。如今的市场竞争日益激烈,如果企业执行力强,那么在很多方面都会强于其他企业。因此,企业迫切需要提升自身的执行力,通过高执行力,提升企业的综合素质。企业是需要员工来组建的,但是每个员工的认识、思想各有不同,也需要一定的制度来管理他们。企业的管理关键就在于化零为整,用团队的力量创造企业的效率。企业人多事杂,想要管理好并非只是立立规矩就能达到目的的,而是需要真正行动起来。要知道,管理不是一种概念,而是行动。

海底捞是一家全国连锁的火锅企业。1994年创立的海底捞在火锅界甚至是餐饮界一遍遍刷新着自己的纪录,以优质的服务和管理理念打下一片天。海底捞的董事长张勇是地道的四川人,创建初期的海底捞火锅只是一个只有四张餐桌的小店。而如今海底捞已经在北京、上海、西安等多地拥有很多家连锁分店，成为我国知名火锅品牌。

说到海底捞的管理就不得不提放权管理。海底捞非常重视服务，为了提供更好的服务，公司给每一个员工充分放权。在海底捞，每一位服务员都拥有给顾客免单的权力。不是打折，不是送餐，而是直接免单。也是凭借着这种人性化的服务，使得海底捞拥有了一大批忠实的粉丝。每位来海底捞就餐的顾客都能被海底捞员工的浓浓热情所打动，生日的时候送上祝福、歌声以及带有"生日快乐"字样的配菜。当海底捞员工发现作为顾客的你生病感冒时，一盒感冒药就会放到你的手上。当你准备吃火锅却被长长的头发打乱进餐时，海底捞员工会直接送上一根头绳。海底捞的员工像机器猫一样，好像你需要什么他就能变出什么来。

海底捞通过细致的服务吸引了客户，而正是这种放权式的管理，才令海底捞的服务堪称完美。海底捞的员工也是因为这种放权式的管理模式而更加喜爱在海底捞工作。让员工能够有"企业是我家"的感受，并且对自己的工作更加具有责任感，这样才能推动企业不断向前发展。这种放权式管理服务了客户，也成就了海底捞。海底捞的放权式管理不仅仅是企业的一个宣传口号，而是切实做出来的。这种放权式的管理增加了客户以及员工对企业的信任度，这样的管理就是有价值并且适合企业发展的。

俗话说："读万卷书不如行万里路。"管理也是如此，只有真正将管理付之于实际的行动之中，才能达到管理的最终目的。不要做理想的巨人、行动的矮子，只有真正地行动起来，在行动的过程中不断调整，才能最终探索出一条适合本企业发展的管理之道，从而不断推动企业的进步和发展。

　　管理不只是存在于我们脑海中的一个概念，更需要我们付诸实际行动。只有真正地行动起来，管理才能发挥它应有的作用。否则，单单纸上谈兵是起不到任何作用的。找寻适合自己企业管理的方式，行动起来，做好企业管理；让绩效提上去，让收益飙上去，让企业的招牌响当当。

第三节　管理的五大本质职能

企业的管理深入企业的方方面面，决定了企业的整个生产运营活动的计划、组织、协调等。假如企业脱离了管理，那么便会面临全面崩盘的危机。管理不仅仅是对于企业员工的管理，还有对于生产流程、职能业务等的管理；不仅管人还要管技术，不仅管技术还要管流程。即使如此，企业的管理也并非是纷繁复杂的，而是有门路可依的。

管理是企业必须要进行的一种实践活动，是一种行动。管理是具有共性的，人们将它们归纳总结，最后逐渐形成管理职能的基本概念。管理职能是指在管理的过程中能够概括各项管理行为的概念，是一种对日常的管理工作的理论性的概括。企业的管理职能主要按照五个方面划分，即对象管理、流程管理、职能业务管理、层次管理、资源要素管理。依据法国科学管理专家法约尔提出的管理五大职能，管理的五大本质职能主要为计划、组织、指挥、协调以及控制。

1. 有效的计划是管理成功的前提条件

计划主要是按照自己的目标以及自己的客观条件等制订出一定的预期方案，在一定的未来时间内达到一定的目标，这就是计划的本意。计划主要划分为五个程序步骤。

第一步：估量概率。首先，管理者需要充分了解自身的状况、长处、短处以及各个方面的能力和地位，并且了解其他竞争对手的信息。根据对自己实际情况的了解预估企业可能需要面临的问题，尽可能对结果做出一定的概率估算以及成本分析。

第二步：确定目标。在制订计划时必须确立目标，针对企业的整体目标分配给员工或是下属单位不同的目标。这需要有长短期的划分，在一定的时期内规定各部门达到一定的效果。通过目标的明确，明确具体需要管理执行的细节工作，从点到面实现目标。

第三步：制订方案。在制订方案时应同时制订几个备选的方案，从这些方案之中挑选最适合自身的方案进行具体的操作分析。

第四步：选择方案。将几种方案的优缺点明确列出，优选出一个最适合的方案，并且留出一个备选方案。

第五步：预算数字化。根据最终的决策将计划转化为预算，数字化的预算能够更好地帮助管理者分配任务以及计量工作完成的进度。

2. 精心的组织是管理成功的必备条件

个人的力量是不足够的，需要与他人合作。借助团队的力量完成目标就是所谓的组织职能。组织是为了实现1+1＞2的目标。通过将整体的计划分配给不同的员工，将他们放在合适的位置，使其接受合适的工作。通过这样的分工合作能够让大家齐心协力，更好地去完成一项工作。

分工管理不仅仅需要等级制的组织管理，还需要扁平式的管理。根据企业状况的不同，我们需要选择适合自己企业的组织管理制度。这样团队才能共同奔向同一个目标。通过团队成员间互相帮助，并自己管理好自己，这样才能增强组织的凝聚力。

3. 精确的指挥是管理成功的必备因素

企业一般采用统一指挥原则和权力制衡原则。在统一指挥原则下，下属仅接受一个管理者的命令，保证员工能够更专注地工作，也能同时监督管理者权力的使用。当然，指挥的最终目的是为了进行更好的管理，让员工为企业创造更高的利润，促进企业的不断发展和进步。

要想更加精确地指挥就必须对员工有着深入的了解，淘汰那些没有能力的人，这样能够协调好企业和员工之间的利益，更好地让他们为企业服务。当然，管理者要以身作则，并且对工作进度进行不定时的督查，善用会议和报告，加强管理者和员工、员工和员工之间的团结力，从而方便管理更好地进行。

4. 精心的协调是管理成功的必要因素

一个团队中，由于人的性格、价值观等的不同一定会产生一些矛盾。当出现这种摩擦的时候，就需要一个在团队中有一定威望的人去解决矛盾，帮助协调员工的行为。这主要是领导的一种职能。在团队中我们应该更多地去尊重彼此间的个性，能够容纳他人的缺点，能够并肩作战。

5. 有效的控制是管理成功的保障

我们对于计划或许有许多的预期或者是备选方案，但是在实际的计划实施过程中，我们总会遇到一些突发情况使结果渐渐脱离我们原本计划的轨迹。这个时候控制职能就突显了作用，它会纠正团队的方向问题，让工作能够按照原计划顺利进行下去。控制通俗来讲就是将我们设定的标准路线执行下去，不断"拨乱反正"，走正确的计划道路。

　　管理职能的划分并非是因为这些职能互相之间不存在关联性。而恰恰相反，划分管理职能的意义主要在于这样能够更清晰地描述整个管理的过程，有助于实现对于管理的把控。人们也能够通过这种划分将管理专业化，让管理者能够更为容易地从事管理工作。管理上的专业化一点也不亚于工业上的专业化，一样能够大大提高工作效率。管理者依靠这样的管理职能划分，再通过企业内部结构的清晰化，能够更好地规范各个部门的职责、权力、结构的划分。管理的本意就在于计划、指挥、组织、协调、控制工作，为预期的共同目标而奋斗。因此，管理者需要处理好团队中各种复杂的人际关系。在一个企业中，应以管理者为核心，将团队力量汇聚在一起，从而形成一股巨大力量，向着目标冲击。

第四节　管理的核心：效率

无论企业如何进行管理，归根结底是要提升企业的运营效率。在全球经济形势日渐严峻的前提下，只有不断提升企业运营效率，才有可能站稳脚跟。管理的核心就在于提升效率，效率的提升将不断推动企业的发展。

在企业中，主要效率的提升在于组织效率的提升。对于组织的流程等进行分析和评估，充分剔除无用的流程，或是利用一切可行的标准来作为员工的思想指导要求，这样可以使企业通过行动的改变来提升效率。管理的核心就在于不断去研究提升企业运营效率的方法，只有效率不断提升才有可能推进企业不断发展。

提升效率的前提是先要发现拖低效率的元凶。效率是企业竞争力的基础，因此受到许多管理者的重视。当今的经济状况并不乐观，竞争压力也大，在这种环境下，高效率已经渐渐等同于企业的竞争力。企业为了在这种环境下站稳脚跟，尤其是以量产为发展的传统企业就更应该积极对生产流程进行整改和管理，以争取效率上的改变。

2016年5月23日，中航工业召开"瘦身健体提质增效"的专项治理工作视频会。为了落实这个管理要求，新航集团充分研究国家出台的政策，并且积极对接和改善，直接将总的工作路线以及具体的落实措施和奖惩制度等呈现在我们面前。

为了打造"运营高效、管控有效、服务增效"这种高效团队，新航充分发挥集团总部的资源共享，将资源合理调配，使资源最大化利用起来。新航引进了新兴的6S（即整理、整顿、清扫、清洁、素养、安全六个项目）、TPM（全员生产维护）、市场管理体系等管理理念，从质量、安全着手，推动集团整体效率的提升和质量的优化。新航还通过智能制造单元，实现由传统制造向智能制造的转型，还用管理效能提升整体的效益，将服务质量不断优化、生产成本不断降低。

新航创建价值型总部，建立管理组织机制，精简调控人员。并且重新对业务进行梳理，对员工的职责进行明确。通过这样的方式，新航做好了战略、投资等的管控，实现企业的管理与市场化的全面对接，优化产业链，使企业焕发出更强大的活力与光芒。

效率是企业管理的核心。通过管理提升效率，这样企业才能创造更高的收益。新航集团就是针对当前市场进行了管理上的调整，缩减成本的支出，创造更高的收益。效率提上去企业业绩自然也跟着提上去，企业创造更高收益的同时也收获了更多的品牌知名度。因此，提升效率是企业管理的首要任务和目标。管理者所做的一切活动都应建立在提升效率的目标之上。

1. 认识企业运营过程中存在的问题

多数企业存在管理流程与生产流程混为一谈的问题，但二者完全不同。企业的生产过程中存在的瓶颈问题导致整个生产流程不能顺利进行下去，因此而导致企业生产效率低下。我们应当在生产过程中及时解决出现的问题，不能拖延。企业要避免因为存在问题而出现问题，要保持整条生产流程持续正常运作，以提高企业的生产效率。企业需要明确，产品是一个整体，从最初的研发到最终的售后服务，企业都应该做到完全匹配。若是各个阶段的产品不匹配，那么整体效率将会有大幅度的降低。

2. 了解效率管理的特点

（1）以企业为中心的全面性管理

效率不仅仅存在于个人，也存在于整个组织活动中。因此，必须因地制宜。企业应针对当前的具体情况、针对某一点进行优化改进，从而带动整体的管理；也可从流程下手，简化流程以进行全面的效率管理。

（2）追求效率是管理的核心

管理是带有目的性的，提升效率就是管理的重点目标。通过明确这种目标，简单明了地利用最短时间创造最大效益是效率管理的目的，进而用最小的成本投入收获最大的利润收益。

（3）管理是动态的

管理者往往要时刻关注整体的流程，通过对组织流程的分析调查，从中进行组织、指挥、协调。整个流程一旦某一环节出现问题应及时反馈并且解决问题，以保证整体流程的运营。这样动态的管理能够最大限度地保证整个组织持续稳定地运转，进而保证企业运营效率不会因此受到影响，而是保持效率的稳定。

3. 掌握提高效率的方法

（1）提高人的效率

人是企业整体发展的关键因素，管理最根本的也就是人与人之间行为上的管理。只要将人管理好了，那么其他的影响因素也能因此而管理好。在整个生产和管理的过程中，人是最具活跃因素的，企业发展源于人的创造性和能动性。因此，想要实现管理的作用就必须先对人进行管理。通过不断组织、指导和调节员工工作，充分发挥人的主动性和创造性，将人员都能够用到刀刃上。

想要提高人的工作效率就要明确个人的责任，让员工带着责任感去工作，这样才能事半功倍。企业应当建立一定的工作制度或是规定来限制和管理员工，让每个员工对自己的岗位职责都明确清楚，并且建立一定的组织机构规范工作秩序，让整个企业有条不紊地运作起来。

（2）提高物的效率

物是管理中的基础要素，管理中物的作用也是不容忽视的。这不单单是指企业中的生产器械，而是指在整个的企业管理中除了人之外的一切需要管理的对象都是物的管理。

在物质资源极大丰富的今天，企业已经不能通过单单的高生产来保障企业的利润空间。降低生产成本，提高生产效率才是企业管理的重中之重。企业想要在当前的竞争中生存下去就需要做好设备的使用、资金的管理，从而提高生产效率、降低生产成本，让企业的资源能够最大化地发挥其作用，进而提升企业的效益。

第五节　管理的终极目标：效益

企业靠什么生存？靠效益。企业想要长久发展下去，效益是第一位的。当企业经营不能带来效益甚至是出现效益亏损时，这个企业运营下去就毫无意义可言。效益是企业生存的基础，也同样是企业管理的终极目标。

我们说企业管理的核心是效率的提升，而效率的提升正是为了效益的提升。所有的人力、物力都能人尽其才、物尽其用，发挥其最大的价值，创造最大的效益，那么这样的管理就是成功的。因此，在管理中我们应该明确自己的最终目标是让企业获得更高的效益，如若不能为企业带来效益的提升，那便是徒劳无功的。

一切管理的最终目标都是提高效益，但并不是所有的管理都能做到这一点。企业将人、财、物组合在一起形成一个整体，合作的过程中既有可能产生积极效应提升整体的效益，也可能产生消极的效应导致徒劳无功。通过管理提升企业效益主要取决于三个关键因素，即管理者、管理对象以及管理环境。

1. 管理效益取决于管理者

管理者是管理的主体，往往起着主导性作用。因此，每个管理者的思想意识以及行为方式等都对管理产生的效益有着重要的影响。管理者的思想观念就是管理者体现的管理思想，这种思想能够左右管理者的行为。管理者的管理行为是一种思想意识的体现，这直接影响到计划、组织、人员调配等重点的环节。

2. 管理效益取决于管理对象

劳动力是第一生产力。管理的主体对象要符合管理的具体要求，这样才能形成一个有效的管理模式。而现代的管理不仅仅是人，还是财、物、时间、空间等要素共同构建的一个体系。学会将这些要素划分、组合，这对于提高效益往往有着至关重要的作用。当然这一切还要取决于人的主观能动性的发挥，当员工整日因为自己的一点私事而草草完成工作，那么必然会导致企业效益的低下。而当员工热情高涨，同等的工作能够在更短的时间内完成且更具高质量，那么企业效益自然能够得到提升。

3. 管理效益取决于管理环境

效益通过有效的管理活动来实现，受到管理活动所在的客观环境的影响。主要影响因素包括政治环境、技术环境、社会心理环境等。当一个国家的制度发生变化或是方针政策发生变化时，必然会影响到整体的市场环境，也同样会影响到个体企业。经济的发展状况决定价值规律以及大的经济形势的变化，这直接影响到企业的市场、资本、借贷等问题。科学技术则是目前最受关注的一点，随着时间的流逝，技术创新成为这个时代的代名词。技术环境能够直接影响到劳动生产率。一个先进的技术能够推动一个行业的发展甚至是整个社会的发展。因此，重视技术环境的变革也是管理收获效益的关键。每个国家的文化不同，人们接受的传统教育以及拥有的社会心理都不同。因此，企业应当根据企业自身的文化精神，通过构建良好的管理环境来进一步提升管理效益。

第六节　华为启示录：管理17万大军的秘籍

管理是全局的把控，管理者要管理企业的方方面面；但是归其根本，管理主要是人与人之间的管理。一个企业想要做大做强并成为行业翘楚，那么企业必然需要有许多有能力、有才华的员工作为中坚力量。

每一个企业都想成为行业中的强者，华为自然也不例外。华为拥有17万大军，这种人力资源上的优势是华为立足的根本因素之一。能够吸引17万员工，华为一定有它自己独特的用人秘籍。在我国，除了华为，大部分的企业都是采用多元化以及资本运作来将企业做大。这样往往就导致企业的业务领域分散，没有专攻。而华为是利用四个价值创造要素俯视群雄的，这四个价值即劳动、资本、企业家以及知识。

华为的大当家想必大家都非常了解。任正非是一个非常具有代表性的优秀的民营企业家。任正非历经多年终将华为打造成中国IT（信息技术）界的标杆企业。华为作为一个高科技的公司，拥有着许多"黑科技"。但是目前的华为只是将这些知识因素灌入自己的产品中，通过产品在竞争对手中脱颖而出创造财富。

华为最为重要的创造要素是什么？是劳动。华为迅速成长起来，能够与爱立信这样的企业比肩就是因为它把劳动这个要素放在首位。在我国，最具优势的资源恐怕就是人力资源，但是这种人力资源的优势我们还没有找到一个能很好地利用的管理方案。而华为做到了这点，打开了人力资源的大门，让财富走进去。

究其根本，管理好人才才是华为迅速成长的关键。那么华为究竟是如何做到将17万大军管理得井井有条的呢？

1. 股权激励管理

华为的人才管理主要是利用股权激励这个方式。股权激励意在给予员工主人翁意识。企业是一个大家庭，企业属于谁呢？在华为，企业属于每一个为华为付出汗水的员工。首先华为公司的股权激励有两个特点：一个是覆盖面积广；一个是持股人数多。华为17万大军中有近8万是持有华为股票的员工。华为公司将员工股权激励定性为虚拟受限股，意思是它并非实际合法的股权，流通受到限制，只有当你离开华为公司的时候股权才会被公司回购。通过这种股权激励的形式，华为公司不对外发行股票，而是让公司员工人人持股，人人做公司的主人，对企业有一定的责任心。

华为公司的股权激励采用高分红、低股价的形式。高分红体现在华为能够连续几年保持在25%以上的回报率。但是员工在购买股票的时候成本却很低，这一方面对于员工来说很是适用，一方面对于回购来说价格成本也同样比较低。华为为了培养新生力量还设计了饱和配股。通过这样的形式，让老员工持股比例降低，以此培养新鲜的血液。

2. 扁平化管理

对于一个企业来说，渠道是企业立足于市场，占据市场一席之地的重要砝码。华为也深深意识到这一点，因此，在早期的发展之中，华为为了更好地抢占市场、吸引用户，开始实行扁平化的渠道管理，也就是短渠道模式。在不断拉近华为与用户的距离的同时，也让华为能够及时得到市场、用户的反馈信息，从而提高企业对市场反应的速度。此外，通过扁平化管理，用户为华为提供了更为灵便的支持，了解了产品特点和技术，价格优势自然也就展现出来了。

华为以市场为需求，在不断满足用户要求的同时，将自己的价值发挥到最大。在不断加大对二级代理商的支持的前提下，不断将产品推进到中小型企业之中，让企业更好地生存于市场之中，成为员工工作的坚实后盾。

3. 倒三角人才结构管理

在华为的企业管理之中，以技术研发、营销服务为主体的倒三角人才结构管理一直是华为所坚持的，也是全体华为员工所高度认同的。在华为，研究和开发人员占公司总人数一半以上，而营销、市场和服务人员占华为总人数的三分之一，而生产人员只能占到华为总人数的十分之一，管理及其他人员占不到十分之一的比重，这种和"金字塔"结构完全相反的企业结构使得华为的产品价值能发挥到最大化，尤其是在产品才是企业发展的最终决定者的今天，这使得华为的员工更加自觉，更好管理。

4. 绩效管理

华为的绩效管理是对员工的贡献进行评价的一种方法。华为在绩效管理方面提出：让评价无时不在，让评价无处不在。在华为，只要你有实力，华为就能给你公正的待遇，华为的绩效考核表的内容和工作的目标息息相关，该考核表是对员工业绩和工作行为等各项指标的公正考核，体现了华为公正而值得员工信服的价值评价管理体系。

5. 薪酬管理

任何一个企业都经历过由小到大、由弱到强的过程，而在这个过程中，薪酬管理也必将随着企业的不断发展而不断变化。华为也是如此。在华为的发展中，有竞争性的薪酬激励方式直到现在都为其吸引着众多人才，留着人才。

华为之所以能够将17万员工管理得井井有条，就是因为它始终能够站在吸引人才、留住人才的角度来进行管理，能够最大限度地保证在公司发展的前提下还兼顾员工的利益，让越来越多的人才留在华为，也让他们更加自觉地为华为的发展贡献出自己的一分力量。因此，华为才能取得如此快的发展，才能管理好17万"大军"。

第二章
价值创造：客户决定一切

　　客户就是上帝，企业依靠客户生存。所以，企业要围绕客户的需求生产产品，为客户创造价值，因为客户才是决定一切的人。这就要求企业有价值创造的能力，并且要服务好客户。

第一节　创造价值是企业生存之本

企业因何能够在竞争压力巨大的今天生存下去？那是因为市场有需求。企业能够创造价值，满足客户需求，这就是企业的价值。当一个企业已经不能够创造价值的时候，企业自身也就没了价值，它自然也就难以在当今的市场上生存下去。因而，创造价值是企业的生存之本。客户的需求是多元化以及多层面的，企业除了要满足客户的基本需求，如产品以及服务需求外，还要满足客户的文化需求以及未来需求。

1. 满足客户的基本需求创造价值

客户都有着基本的生活需求，需要粮食去充饥、需要衣服来保暖。单就满足客户的基本需求来说，若企业的产品和服务能够带来实际的使用价值，那么企业的产品就是有价值的，企业的存在就是有价值的。

当然，除了这种看得见摸得着的需求外，客户还会追寻服务需求。在物质生活丰富多彩的今天，人们已经不是单纯地满足于填饱肚子。服务业已经成为继农业、工业之后的又一生产领域。服务业不生产实质的东西，而是为他人提供精神上的服务与帮助。如今产品与服务已经成为人们生活中的必需品，满足客户的这种基本需求就是企业创造价值的一种方式。

2. 满足客户的文化需求创造价值

企业文化是一种新的现代企业管理理论，企业要想真正步入市场，走出一条发展较快、效益较好、整体素质不断提高、经济协调发展的路子，就必须普及和深化企业文化建设。对于一个企业而言，它需要拥有自己独特的企业文化，用企业文化去带动和吸引客户。树立品牌观念是每一个企业都应该做的。因此，管理者应该通过品牌价值、文化价值去感染客户，并引导客户的购买行为。这个时候客户买的就不仅仅是基本的需求，而是在追求一种精神层面的文化需求。

3. 满足客户的未来需求创造价值

在当今的市场竞争中，那些傲视群雄的企业往往是有着远见卓识的企业。它们往往能够挖掘到客户的未来需求，先一步下手，赢得客户满意度，为客户创造价值。在我们的实际生活中，不说企业，甚至连客户自己都不能了解到自己的未来需求。因此这就需要企业不断与客户进行交流，深入挖掘。要知道，提前为客户规划出未来需求走向是企业在激烈竞争中获胜的关键。

企业的发展越来越依赖于网络带来的便利，移动网络成了大家的必需品。曾经我们不敢想象移动网络，而今2G、3G、4G这样的移动网络已经开始不断地优化升级了。当我们还在乐于3G带来的接收图片、浏览网页时，4G已经来了；当我们还在感叹4G的高速时，5G已经开始在一些城市试点了。能够满足客户需求的至高境界就是满足客户的未来需求。企业应当做客户需求的导向者。

企业通过这三种价值创造去创造价值，实现自己存在的价值才是企业最终追求的目标。企业的立身之本就是价值创造。企业为客户服务，满足客户的需求，创造价值才能收获利润。因此，可以说创造价值是企业生存的根本。

第二节　价值创造的核心：用户

企业创造价值的核心在于其生产的商品能够被利用起来，而这个消费主体便是用户。很多企业都奉行用户至上的理念，甚至说用户就是上帝。在企业的实际运营过程中，用户往往是为企业带去利润的主力军。因此，与客户保持长期友好的互惠关系是企业长期生存下去的关键。

有些企业信奉将员工利益放在首位，认为这样能够创造更多的价值，还有些企业是股东利益至上的拥护者，但是，在实际的企业发展中，一味追求员工利益和股东利益的企业往往很难获得成功。杰克·韦尔奇曾经就是股东价值的拥护者之一，但是如今他也站在了曾经的对立面。他说："股东价值是世界上最蠢的理论。股东价值是一种结果，而不是一种战略……你主要依靠的是你的员工、你的用户和你的产品。"而这三者之中的核心就是用户，也就是说，企业价值创造的核心就是用户。

顾客导向最早是由美国哈佛大学商学院的莱维特教授在《哈佛商业评论》上发表的《营销近视症》中提出的。他认为一个企业想要获得成功就必须改变传统的观念，真正从顾客的角度出发，满足市场需求，满足客户全方位的需求是企业的最终目标。顾客导向的理论一经提出就引发了众人的关注。它被认为是市场营销的最高境界，企业纷纷为自身注入这种观念。

企业要想牢牢抓住用户这个价值创造的核心，就要从产品、服务和用户管理几方面着手。

1. 让用户叫"好"的产品

用户是产品的使用者，产品好不好，用户最有权评价。用户关心的不仅是产品的销量，还包括产品到底帮他们解决了什么问题，用起来是不是方便、易操作，价格是不是在自己的可承受范围之内。他们所关心的都是与切身利益有关的。用户认可了产品，他们才会对企业和产品产生感情和依赖，才会将产品介绍给周围的人，从而为企业带来更多的价值。因此，关注用户所关注的，在产品上下功夫，是企业创造价值的法宝之一。

2. 让用户欲罢不能的服务

用户需要的是有价值的服务，是量身定制的个性化的服务。企业提供优质服务的目的就是要留住老用户、吸引新用户。因此，企业为用户提供服务就是要能全方位地满足用户的欲望和需要，让用户对其无可挑剔、欲罢不能。同时，用户有着不同的需求，企业要将用户的需求进行细分，做到个性化服务。

3. 高效的用户管理

一个人或一个群体购买了你的产品、成了你的用户之后，是对其置之不理，还是进行分析和管理？答案肯定是后者。这里的用户管理不只是简单回访那么简单，而是要对用户的资料进行深入分析，通过用户的满意度和对产品的改进意见来优化产品，进而提高用户的忠诚度，从而提升企业所创造的价值。

总的来说，无论是产品、服务，还是管理都要以用户为中心，想用户之所想。企业的每一位员工、每一个运营环节都应围绕用户的需求来展开工作，这样的产品和服务必定深得人心，也必定会得到用户的真情回报，让企业实现源源不断的价值创造。

沃尔玛公司就是这样一个奉行顾客至上的公司。沃尔玛顾客至上原则的第一条规定就是"顾客永远是对的"，而第二条规定就是"如果顾客错了，请参照第一条"。沃尔玛公司的第一目标就是让顾客满意。公司的基本经营理念是："顾客满意是保证我们未来成功与成长的最好投资。"沃尔玛通过这种策略取得了不错的成绩，成功成为商超中的一颗璀璨的明星。

工作再努力，用户不买账也没用；产品再时尚、前沿、高科技，用户不认可也是白搭；请了国际管理大师来将企业管理得滴水不漏，用户感受不到企业对他们的关爱和帮助，企业也不可能实现价值创造。用户对产品和服务满意了，才会愿意掏腰包买这个产品或服务，才能让产品和服务转化为价值。因此，企业价值创造的核心是用户。

第三节　企业的价值创造能力

　　企业价值是指企业能够持续经营，企业所生产的产品、所提供的服务能够满足市场的需求，并且企业能从中获取利润。因此，企业的价值创造能力尤为重要，它决定了企业的未来走向。能够衡量企业价值创造能力的是企业的整体经济价值，它能够以数字的方式为企业的市场价值做一个评估，具有公平性。通过资产的现金流的数量来计算，用收益法去评估，这是一种现实而又具有直观性的企业的价值创造能力水平的体现。

　　价值创造能力是指企业能够根据客户的需求以及喜好去创造更优的客户价值的能力。企业的价值创造能力将研究开发能力、生产运营能力以及员工工作能力等汇聚到一起。通过这三个核心要素的整合将企业的价值创造能力完全地展现出来。

　　企业价值的提升能够为企业带来巨大的财富，那么如何进行企业价值的提升呢？很多企业为了提升自身的创造能力就采用优化整体的供应链系统，完善供应链的方式，将企业的采购、生产以及销售等流程进行优化重组。

　　通过应用更现代化的管理手段促进企业管理的优化，进而优化企业的供应链。以创造顾客价值和企业自身价值作为企业的发展目标。企业应关注客户的需求，并不断优化流程和降低成本。通过这种方式提升企业的价值创造能力以及市场竞争力。

1. 搭建良好的客户关系，由需求到产品

企业提升自身的价值创造能力最直观的办法就是使客户的价值最大化。明确市场需求，了解客户的真正需求，并且与客户充分进行交流。这是基础工作，而后还应改变传统的企业生产模式，发扬以客户为主的观念。企业应该将客户的意见在最初的产品研发阶段就融进企业的产品设计中。以需求决定生产，由需求带动生产。

在现在这个全民互联的时代，互联网已经成为我们生活中不能缺少的一部分。随着信息化的不断深入，人与人之间的交流变得更加方便，企业与客户之间也不再是隔着千山万水。借助互联网的便利性，产品的研发人员能够更容易地收集到客户对产品的需求信息。企业还能通过互联网与客户搭建互动平台，客户能够通过这种虚拟空间实际参与到企业的产品研发中去。也是通过这种没有距离的交流，产品研发人员能够从根上挖掘到客户的真正需求。

价值取向与期望成本的正确获取为产品的研发趋势做好了准备工作。另外企业管理者还可以聘用专门的人员来与客户进行面对面的深入交流以对客户的需求有更深入的了解。在这之后企业不能忘记将这些调研的资料及时汇入企业的信息管理系统，用来不断丰富企业自身的资源信息库，企业内部还能及时将这些信息共享，这样不仅仅是研发环节，之后的生产、销售环节等都能以此作为依据指导我们的工作。派专员通过电话或者是邮件的方式来获得客户对于产品的需求和建议，在国外已经成为一种非常普遍的获取需求信息的方式。通过这样的需求信息获取方式能大大增加企业管理的人性化,这不但能提升企业的公众形象,还能使企业的产品性能更满足客户的需求,从而提升企业价值创造的能力。

2. 优化产品设计,降低产品成本与客户成本的投入

企业自身的价值创造离不开产品的生产成本。《高级管理会计》一书中提出产品成本的80%是约束成本,并且在产品最初的设计研发环节已经被确认了。

想要高效地控制成本的支出,企业管理者主要应该从产品设计以及工艺设计等设计研发阶段下手。产品研发设计流程的优化应当是全局的优化,包括企业整个价值链的全体人员。从采购部门、设计部门、生产部门到市场部门,将员工汇聚起来共筑一个目标。对企业自身的目标定位,产品的目标价格、目标功能、目标品质充分认定清楚再投入市场之中。通过目标的利润去控制产品设计研发的成本。并且,员工在设计产品的时候放在首位去思考的应是产品的功能能否满足市场的需求,目标客户能不能买账。

产品的设计方案在最终确定前应有笼统的设计概念,也需要将功能、配件等进行分解设计,通过不同的搭配设计将产品质量控制在最好,以此方法降低成本。将这些信息输入企业的信息管理系统,从而形成一个具体的产品结构的价值分析系统。企业应将目标成本与生产成本比较,对设计方案进行可行性分析,评价产品的优缺点。企业管理者根据这些决定企业是自生产还是外包生产等。一切以客户的价值创造为目的,不断提升企业的价值创造能力和竞争力。

3. 作业成本管理,优化作业流程

随着时代的变迁、技术的发展,社会经济环境也有了重大的变

化。科技的蓬勃发展也带来了更多元化的客户需求，导致生产成本直线上升。作业成本计算提供的信息既能应用到生产管理、新产品开发中，还能应用到考量客户利润等多方面。这时候作业成本计算已经不仅仅是成本的计算了，已经成为以价值链分析为基础的企业作业管理的必要因素。

现在的成本计算不是采用组织单位归集的方式收集信息，而是以流程作为导线进行成本统计。管理者要注意非价值增值活动与价值增值活动的成本比较，并且通过对价值链各个节点的资源消耗、作业效率的分析将流程进行整合或是精简，删除无用的作业，削减中间环节，提升生产效率，降低成本。或是将作业整合到一起，让能够同时作业的环节同时进行作业，从而缩短时间，降低成本。另外，企业还应根据每种产品或是服务的实际资源占比来做出正确的市场决策，抑或是随时进行方案的改进，从而更多地降低成本支出，提升产品质量，满足客户的需求，增加客户对企业的黏度。

想要做好作业成本的计算就必须采集大量的数据进行分析，这单单靠人力去做是很艰难的。这个时候管理者就需要信息技术的支持。企业可以搭建一个以价值链为中心的价值链管理系统，将每个环节的每个作业节点的实时信息输入进去，具体的资源消耗就能实时出现在我们的面前，生产过程的问题也会浮现在我们眼前。这种实时的监控也能够让企业管理者实时修改作业情况以及流程问题，删除不具有增值意义的作业，保证整个作业流程高效和高质地运行。企业也能在减少资源的消耗的同时获取更多的利润空间。

4. 做好市场细分，提升资源使用率

随着技术的不断发展，我们所面对的经济社会形势也在不断

变化，但是"客户第一"的生产观念却不曾改变。企业的一切生产以及服务都必须围绕如何满足客户的需求来开展。企业的目标是利润，使用有限的资源获取最大化的收益是企业一直所追寻的。有这样一则理论：企业80%的利润来源于20%的顾客。因此，企业管理者对于市场的细分有助于企业的价值创造能力的提升。

企业应当建立起自己的客户信息库，将客户的信息收集起来，并且依据不同的类别与产品的输出不同进行分类整理。客户因此被划分成不同的群体，管理者应该去分析每一个群体的共性特征，根据客户价值的不同，利用信息数据库做出市场定位和市场策略以求在市场上占领一席之地。最后利用销售和服务等对目标客户进行最后的一搏，提高企业利润空间。

小王是一家保险公司的业务员，每天的工作都是联系百十个客户。有些客户的购买欲本来就不强，当接到频繁的电话来访时表现得很烦躁，小王甚至会经常挨骂。这样的工作模式让小王感觉很疲倦，联系了一百个客户往往只有那么几个客户能够真正购买自己推荐的产品。这让小王感受不到什么成就感，反而是从早到晚地忙碌以及处理问题客户让他身心俱疲。

小王决定换一种销售方式。他将自己的一百个客户按照客户的购买欲以及使客户购买产品的难易程度进行排列分析，将其中一半购买欲弱的客户删除掉。再从剩下的中间挑选出10个乐于购买产品的客户重点关注。对于这10个"大熊猫"，小王从客户的角度出发推荐最适合客户的产品，并给予客户更多的建议和供其选择的空间，同时在与这些客户的沟通中小王投入更多的时间去了解客户和推销产品。对于其他的几十个客户，小王也经常发去信息或打电话去沟通，但是相对来说放在这几十个客户身上的时间会少很多。换成这种销售方式之后，小王的工作量直接减了一半，业绩却上升了不少。小王将自己的重心放在与重点客户的沟通上边，工作再也不用从早到晚一直忙碌了。小王对重点客户的了解也更加深入，为客户推荐了最适合的保险，重点客户都购买了小王推荐的保险。而那些没有多少购买意愿的客户小王就直接放弃联系了，从而把更多的时间和精力投入真正能够为自己带来收益的目标客户身上。

对客户进行细分是为了能够更合理地利用企业资源，增加资源利用率，减少资源浪费。对目标客户重点关注，根据客户需求改变作业流程，减少客户成本的支出，提升客户忠诚度。通过客户细分改善企业的作业能力，用最有限的资源挖掘最大的客户价值和企业价值。这样员工的工作量减少了，业绩却因此提升上去，这就是客户细分的重要性。个人如此，企业也是如此。细分客户，合理分配资源，增加资源的利用率是企业提升自身价值与创造能力的一大法宝。帮助企业用最有限的资源挖掘客户最大价值是细分客户的目标，也是促进企业不断发展的关键。

第四节　岗位职责与价值创造

每个人都是能够创造价值的，每一个岗位上的人也都有着自己不同的价值创造。在规范化的企业中，每一个岗位的员工都有相应的职责，我们的工作就会围绕着这个职责开展。很多人在向上级汇报工作时，总会说自己做了很多的事情、任劳任怨等一些话，可是领导主要关心的是你给企业创造了多少价值，对企业的战略发展、业务拓展及领导个人决策产生了什么影响。员工如果只知道埋头苦干，却不清楚自己的价值到底在哪里，那他永远不会有远大的前途发展。

显而易见的是，企业从来都不是以"劳苦"为标准来评选优秀员工的，奖励的唯一标准只有"功高"。当然，岗位不同，个人所能创造的价值也不相同，而且很可能先天性地就存在很大的差距。但是管理者必须明白，每一个岗位都有存在的价值，而每一个岗位设置的目的就是为了给客户创造价值，从而为企业创造更高的利润。因此，如何利用岗位职责来为客户创造价值是管理者在价值创造中应该格外注意的。

1. 了解客户的价值所在

小亮是一家高级定制服装公司的90后设计师。在一次企业的职工服装竞标中，自己公司取得了服装定制权，这是一个对公司的发展非常有利的机会。经理要求设计部务必全力以赴，设计出令客户满意的衣服。小亮经过夜以继日的设计，终于设计出一款比较特别的正装，他感觉自己的设计绝对能够引起一股新的服装潮流。但是，令小亮没有想到的是，在与合作企业交涉的过程中，对方企业驳回了自己的设计原稿，理由是：不符合企业的发展，太过于凸显个性，不利于职工的管理。小亮感觉很委屈，明明自己设计的服装很有特点，为什么不能得到客户的认可呢？

管理者务必要明白的一点就是在价值创造之中，客户决定一切。为客户创造价值是进行管理的一个直接目的，而最终的目标就是让客户为企业带来更高的经济利益。客户觉得我们所做的工作是有价值的、能够被认可的，那么我们的工作才是真的有价值。而没有为客户创造价值，自然也就得不到客户的认可，合作就失败了。因此，管理者在进行价值创造的过程中，务必要让员工知道：满足客户的需求才是员工努力工作的方向，只有这样，才能为企业创造更高的利润，促进企业的发展。

2. 深入挖掘客户对于岗位员工的价值期望

只有深入挖掘客户对于员工的价值期望，才能找到员工的岗位职责对于客户的价值所在。管理者应针对客户进行一个详细的分类，分析不同的客户的利益所求和价值取向。当然，能够真正设身处地站在客户的角度去思考问题才能更好地了解客户的需求，其实这也就是我们经常说的换位思考。因此，深入挖掘客户对于岗位员工的价值期望，也就是让员工能够明白客户对于项目、服务的要求，弄清楚客户的需求，站在客户的角度来更好地工作，这样才能让工作变得更加有意义、有价值。并且在为客户解决实际问题的过程中，员工能为企业创造经济效益，这也是工作的最大价值所在。

3. 为客户创造价值与员工自身价值的实现结合起来

如何让员工更好地为客户创造价值呢？利益结合是极其重要的一点，也就是让员工将为用户创造的价值与员工自身价值结合起来，这样才能更好地进行价值创造。比如说：管理者可以设置一系列的奖惩制度，不同的岗位完成不同的任务。完成得好，自然有相应的物质奖励和职位提升；而完成得不好，自然也会受到降职或者扣除工资、奖金的惩罚。因此，选择将用户的价值与员工自身利益相结合能够帮助管理者更好地让员工为用户创造价值，最终促进企业的不断发展和进步。

综上所述，管理者要想更好地促进企业的发展，就必须要让员工能够为用户创造更高的价值，得到用户的认可，从而为公司创造更高的利润。因此，只有每一个员工都能够清楚地了解需要服务的客户，做到换位思考，分析他们的不同立场和利益取向，才能理解他们对于员工工作的价值预期，从而将工作更好地完成，为企业创造出更高的利润。

第五节 互联网：从价值传递到价值创造

互联网悄悄走进我们的生活，改变着我们的生活，也改变着商场与职场价值获取的方式。互联网逐渐深入我们的生活，已经升华为价值创造的关键。程序员写的代码，制作出来的网游、网页都能直接应用于生活，这是一种价值的创造。而在当今社会，如何更好地利用互联网为客户进行价值创造已经成为管理者在管理中必须要懂得的。

1. 用互联网思维确定企业的发展战略

互联网技术的出现使得当今社会的变革周期和成本大大缩减，也不断促使全新的商业发展模式出现。要想企业在互联网时代下更好地生存，就必须要从整个公司的运营层面出发，将互联网思维和企业的发展战略相结合，这样能够最大限度地改造原有的商业发展模式，确立起企业的全新发展战略，打造出互联网时代下的全新的线上线下协作方式，这也是进行价值确定的一个必备过程。

2. 借助大数据等数据分析技术的帮助

大数据、云计算等数据分析技术作为互联网技术的典型代表，使得企业能够在更高层面建造"以客户为中心"的价值创造体系，能够更好地让员工听取客户的意见、解决客户的问题。互联网时代下的信息更加透明化，使得用户获得了更多的话语权，能够在听取客户的意见、解决客户问题的同时更好地进行价值的创造。当然，也可以毫不夸张地说，大数据、云计算等技术的发展可以实现更高的价值创造。

3. 学习互联网思维，大胆创新

在进行价值创造的过程中，遇到问题是不可避免的，创新就是在解决问题的过程中必须要做的。企业要在价值创造的过程中不断学习互联网思维，做到大胆创新，明确企业的核心价值以及了解客户最终需求，在完成工作任务的同时，不断将产品进行创新。企业要在围绕价值主张的情况下更好地服务客户，这样才能创造更多的利润。

4. 价值传递到价值创造的执行和落地

腾讯CEO（首席执行官）马化腾曾经说过："新一代信息技术正从价值传递环节向价值创造环节渗透，对原有的传统行业起到很大的升级换代作用。"在国内，互联网最大的交易对象就是来自于电商。要知道，电商做的就是互联网的价值传递工作，这是商业领域的互联网应用。但是企业要想更好地创造价值，就必须让价值传递完成到价值创造的执行和落地。因此，只有将员工的劳动成果最终交到用户手中，并且能够真正将企业所期望的价值目标转化为工作的最终成果，才能更好地达到让客户满意的目的。

价值创造的第一个层面是通过提供产品获取订单和利润，产品是价值创造的核心载体。围绕产品的市场调研、技术研发、售后服务等都是产品价值链的重要环节。第二个层面则是软性的品牌力，企业需要持续不断地注入人文理念和情怀，并将这些沉淀为企业独有的资产。创造和传递价值是品牌价值体系运行的"任督二脉",因此,在进行企业管理的过程中,管理者把两者打通并形成闭环是制胜的不二法则。管理者应该了解:从"+互联网"到"互联网+"的跨越不是单纯的传递东西,而是借助互联网直接改变企业的管理模式。

第六节 华为启示录：为客户服务是华为存在的唯一理由

20世纪80年代中后期，华为正式注册成立。在这一时期，仅仅国内就诞生了400多家通信制造类企业，这就意味着华为要与上百家企业同台竞争。面对着这样的局面和压力，华为却坚持了下来。2012年的时候华为的销售额就达到了2202亿元，一举超过爱立信，纵身一跃成为全球最大的电信设备供应商之一。

华为公司的业务涵盖了移动、宽带、光网络、电信增值业务以及终端等。华为可以说是全面发展的"好少年"。华为提供的网络融合的解决方案能够让客户在任何的时间、地点都享受到同样的通信服务体验，丰富了客户的生活，增强了客户间的沟通。华为的产品遍布全球100多个国家，服务全球三分之一的人口，可谓客户量庞大。

大家认识华为是因为华为手机的普及才有今天的成就，这主要归功于华为的价值观念：

成就客户：为客户服务是华为存在的唯一理由，客户需求是华为发展的原动力。

艰苦奋斗：华为没有任何稀缺的资源可依赖，唯有艰苦奋斗才能赢得客户的尊重和信赖。

自我批判：只有坚持自我批判，才能倾听和持续超越他人，才能更容易尊重他人并与他人合作，实现客户、公司、团队和个人的共同发展。

开放进取：积极进取，勇于开拓，坚持开放与创新。

至诚守信：诚信是华为最重要的无形资产之一，华为坚持以诚信赢得客户。

团队合作：胜则举杯相庆，败则拼死相救。

在华为的价值观念里，第一条就是成就客户。客户是这么至关重要的一个角色，客户有需求才会促使企业去生产和服务，企业才能从中收获财富。当客户没有需求的时候，企业也就面临着倒闭。客户有需求，企业才会有生产需求，企业才能发展。因而，在华为客户是至高无上的角色，为客户服务是华为存在的唯一理由。华为将关注客户的需求作为华为服务的起步点，将满足客户的需求作为自己的目标。总之，在华为的心中客户永远是第一位的。那么华为究竟是如何为客户服务的呢？

1. 高度关注客户的需求

关注客户需求，是华为服务的起点；满足客户需求，是华为服务的目标；发现潜在的客户需求，是华为发展的动力源泉。与技术、品牌、市场份额、利润等相比，华为只将服务挂在第一位。除此之外，技术、品牌、市场份额、利润最大化等，对华为而言都不是根本目标。对华为来说，只有客户永远是第一位的。华为的管理生存法则就是力争为客户提供服务的机会，从而为企业带来利润。没有客户的企业就没有了立足之本。

对于华为的员工来说，这种价值观念已经深深植入他们的骨髓之中。为客户提供服务是华为存在的唯一理由。不论是提供网络社会运营方案还是研发新技术、新产品，华为都会尽可能地与客户交流，通过客户的建议华为能够优化自己的内部结构，使企业保持并优化自己的供应系统。

华为在智能网推广的初期阶段就赢得中国电信以及中国移动和中国联通的大力支持。他们不但为华为的产品提供了试验的机会，还与华为一起合作并对于网络建设和业务运营给出了创造性的解决方案。

2. 为客户提供高水平的服务

就当今的经济发展状况来看，一个企业仅仅依靠产品往往不能在激烈的竞争中脱颖而出。往往很多产品都具有附加值，例如免费保修五年或是购买眼镜能够终生免费清洗等。相对比之下，那些同样品质却没有附加值的产品就会被比下去，它们自然难以在激烈的市场竞争中立足。

华为把高水平服务作为自己重点发展的目标，这也成为华为的重要竞争优势。华为为联通客户提供增值服务时，能够为客户提供量体裁衣的增值解决方案，这种做法赢得了客户的喜欢，增强了华为的用户黏度。

华为通过高水平的定制服务赢得客户喜爱，并且向全球提供创新的通信解决方案，保证各个地区的人们能够与信息化世界接轨，积极履行企业的职责，对于经济的可持续发展也是十分关注。华为通过绿色环保、回馈社会等举动温暖客户，树立企业形象，因此受到客户的依赖。这就是华为通过企业管理实现价值创造的精华所在。

第三章

战略管理：抉择、权衡和各适其位

"竞争战略之父"迈克尔·波特将战略管理的本质定义为抉择、权衡和各适其位。战略的起点受抉择的影响，所以企业要学会取舍，学会去抛弃一些东西。只有将最精锐的部分组合到一起，才是企业取得战略胜利的关键。同时，学会判断不做什么与要做什么，这在战略管理中占有同等重要的地位。

第一节　战略：设定界限+确定方向

战略是一个统筹的事情，企业的成功并不是将一个个事情单独进行，而是需要将所有的事情串联在一起。针对战略的复杂性，企业要明确阐明自己的战略，要能够看到事情的核心，知道企业每一步都是在干什么，知道每一小步是为了什么具体的大目标进行的。总的来说，战略起到的是一个帮助企业明确发展方向的作用，但是战略还需要限制一定的界限，这样就能使得企业管理者更加清晰地看到自己需要努力的目标和方向。

在凡客诚品的管理年会上，陈年提出的2011年的销售目标是100亿，这个数字是上一年的五倍。诡异的是，这个数字竟然得到了管理层的认同，当时公司员工情绪激动，马上有人附和："对，我们就是要做到百亿。""没问题，我们肯定能做到百亿……"甚至有人站起来说："我明年要换车，换宝马。"大家立即说："好！有志气。"接着又有人说："我要换劳斯莱斯……"

接下来的2011年，凡客诚品一路狂奔：扩张人力资源、仓储、供应链。巨额的销售计划被分摊到各部门，一些员工的任务甚至是2010年的上百倍。大量的新员工涌入凡客诚品，一进来就负责上千万的合同。

迅速的扩张带来了严重的管理问题。总监级别的管理人员可以签上亿的合同，但他本不该有这样的权限。底层员工为了完成生产指标，也只能将大部分精力放在寻找新的制造商上，因此在质量控制方面出现了严重问题，消费者开始抱怨凡客诚品出品服装的质量大不如以前。

过度扩张使得凡客诚品2011年底库存达到14.45亿元，总亏损近6亿元，而100亿的销售目标仅完成了38亿元。

凡客诚品因为自己前期的业绩突出就想乘胜追击，结果却很惨淡。这是因为前期的凡客诚品有自己的战略目标，明确知道自己的发展方向。而后期的凡客诚品盲目进行扩张，企业战略形同虚设，这直接导致了凡客诚品有量却没有质。质量直线下降的同时，客户也随之流失，那么企业就很难重新建立起在客户心目中的形象。企业形象出现问题时，企业面临的只有悲惨的结局。

实施战略需要投入大量的时间和精力。并且，一个核心战略的制定是需要经过深思熟虑并且精心策划的，在战略实施的过程中也要严格遵守计划。只有这样才能使战略管理发挥其应有的价值，才能在计划的时间内达到战略目标。那么，在企业的发展中，如何更好地进行战略管理呢？

1. 精准管理：了解自我和对手

在当下竞争激烈的环境中，想要战胜对手就要先了解自己的优缺点。最好先问问自己所擅长的是什么，自己的缺点有什么。每一个企业都是独一无二的，所以每一个企业的成功也都不会是一样的，因此我们需要走出一条新路来才能走向真正的成功之路。

2. 设置结果：明确战略发展的目标和方向

每一个正确的战略都是先从明确正确目标开始。超常的盈利能力是支撑企业正确战略得以实现的基础。企业的战略目标不明确的话，它就不能快速成长起来，那么企业做大做强的愿望就会成为泡影。通过制订正确的战略目标，给企业的发展规划好线路，这样企业沿着规划好的线路不需要经历许多没必要的荆棘与坎坷就能到达成功的殿堂。

目标在管理中有着很高的地位。企业有目标才能有方向，才能在对的道路上越走越远。企业在战略管理上需要制订的是一个整体的发展目标。这个目标可以根据企业自身的发展方向、用户需求等制订。有目标才有走向目标的动力，才能借助战略目标让企业保持向上的活力和持续发展的动力。企业的战略管理一定要有明确的方向，并且为其设定界限。将企业的使命具体化和定量化是企业衡量其战略管理成功的标准，是企业经营战略的核心。

3. 自我限制：设定战略发展的界限

企业应当注意战略的持续性。一个战略性的目标是一种界限的限定，如果这种界限时常更换或者总是重新制订，那么企业战略就不能达到它应有的作用。产品的使用价值、服务价值等都会涉及战略问题。并且我们还应坚持所设定的目标，否则今年制订界限，明年就忘记这回事了，这样企业也就很难真正领悟自己的战略本意，客户自然也不能够读懂企业的价值主张。

战略管理作为企业管理的核心所在，在企业的发展过程中，一直占据重要的地位。对于企业来说，战略管理作为企业发展的核心之一，必须要有着发展的界限和方向，这样才能为企业的发展提供重要的战略方针。当然，在战略管理过程中，企业必须明确自己的发展方向、目标以及发展的界限，只有这样才能真正在战略管理过程中促进企业的发展。

第二节 战略管理是一个系统

战略管理往往不是单独出击,而是系统作战。就战略目标来说是不止一个的,是由若干个目标组成的一个战略体系。从另外一个角度来说,企业的战略目标有两大类:一类是能够满足企业发展所需要的目标,这种目标能够按照业绩、能力等分成小目标。业绩目标主要包含收益性、成长性以及安全性指标等,能力目标主要是企业的综合能力、生产制造的能力、营销能力以及研发能力等。二是以客户作为战略目标的重点,以需求决定目标。而能够影响到企业需求的不仅仅有客户,还有企业员工、股东等。根据这些需求制订企业的战略目标是从利润的角度出发,按需制订。

在2016年1月,LG(韩国乐金集团)在美国拉斯维加斯规模宏大的世界消费电子产品博览会上出尽了风头,成了当之无愧的创新明星。此次展览会上LG公司一举夺得了16项创新奖,吸引了世界各国人士的目光,真正实现了由制造型企业到创新型企业的转变,诠释了企业对于设计的理解和坚持。

其实,在两年之前,如果有人提到LG公司,可能大家的第一想法就是其产品品质不高、价格低廉。但是,今日不同于往日,LG集团为了能够在互联网时代站稳脚跟,实行了"创新发展"的战略方向和目标。

LG电子中国区总裁孙晋邦曾经说过:"LG在核心技术和设计经营方面无疑都具有明显的优势,作为一个国际化的企业,我们一直致力于研究全球发展趋势,开创引领全球时尚的设计,并要将更高端、更前沿的产品提供给中国消费者。"LG在韩国的地位,相当于海尔之于中国,整个企业的发展不仅对整个行业有着重要的意义,更能够带动整个国家的发展和进步。因此,LG启动了重要的企业战略管理,不断促进企业的创新性发展,实现质的飞跃。

LG在早期的发展之中,之所以没有明显的进步和提高,就是因为没有实施一个系统的战略管理,任由企业在不符合市场竞争优势的情况下进行发展,这也限制了企业的发展步伐。对于企业的发展来说,互联网时代下的战略制订,必须要符合市场的需求才能有更强的优势和竞争力。因此,在企业的发展之中,制订一个符合市场环境的战略管理系统是非常重要的。

战略管理系统是企业按照自身的目标和要求而针对组织、机构、制度等进行调节和规范的总称。在企业的发展当中,影响企业管理的不仅仅是一个因素,往往是多方面因素,所以企业要统筹全局。一个战略管理系统需要通过规范制度、组织、职责、权力等进行明确的分配,随着企业战略目标的变化而变化。

战略系统不是简单的一个执行目标、一个执行计划,而是一个系统。这个系统是具有分层性的,不论是从上到下的模式,还是从下到上的模式,企业战略管理系统都是多层次的结合,是一个企业系统的管理，而非某一个部门。并且企业战略管理系统具有目的性，能够根据企业的未来发展方向制订一个最适合企业的发展路线，并且将这种战略思想影响到企业的每一个人。那么，战略管理具有哪些典型的特征呢？

1. 战略管理的整体性和动态性

战略管理系统是一个有机的整体，在这个系统中的任何一个部分都不能离开这个整体而独立地存在。在这个战略管理的系统中，系统一旦运行就不能停止，是需要系统中的每一部分高度配合的，它具有较强的整体性和动态性。系统在不断循环、运行的过程中，当然也会不断地进行调整，从而提高企业的战略管理水平。

2. 战略管理的有序性和相关性

在战略管理之中，各环节不是孤立存在的，各个系统有着密不可分的关系，也可以说有着较强的相关性，且环环相扣。系统各个要素之间是相互联系的状态，能够相互影响和制约，这使得战略管理也具有较强的有序性。因此，为了保证战略管理更好地进行，必须让战略系统各部分有着统一的思想和目标，达到整合企业资源的目的，并最终使得战略系统中各环节相互合作，有效配合。

3. 战略管理的适应性和开放性

要知道，战略管理设立的最初目的就是提高企业对外部环境的适应性，使企业做到可持续发展。企业的不断发展使得战略系统必须要有较强的适应性和开放性，能够与时俱进，不断创新，适应时代发展的要求，不断为企业做出相关贡献。也只有这样，战略系统才能适应不断变化的复杂的外部环境，为企业的发展保驾护航。

企业的战略管理系统是否规范直接决定了企业的战略发展计划

是否规范，企业的未来与之直接挂钩。企业要学会统筹技术上的问题，也要根据组织成员的不同与优缺点部署不同的战略任务。企业通过这种系统的管理模式明确每个人的职责，确定整体的目标和发展方向，并对范围等进行控制，形成具有广泛性、规范性的多层次的企业战略管理系统。

第三节　战略管理VS业务管理

就共性而言，战略管理与业务管理都是为了企业向更好的方向发展而开展的，都是以企业为本，为着统一的目标而不断前进。战略管理与业务管理一样都是一种管理模式，都是一个管理计划，并且依照管理计划去让整个企业的运营更有条理性，资源能够得到充分的利用，企业能够向更高更远的方面迈进。

赵远是一家宠物食品淘宝连锁店的总经理，在2016年双十一即将到来之际，赵远召开了一个"决战双十一"的会议。在会议上，针对今年的双十一，他制订了销售量要达到400万的销售目标，并且分配给下面每一个店铺不同的销售目标。每一个店铺的运营经理都开始全力以赴地进行店铺活动的制订和营销宣传，最终在双十一的时候，达到了日总销售量420万，超额完成了销售目标。

其实，在这个案例中大家可以看出，赵远所掌握的就是企业的战略管理技术，而各个店铺的运营经理做的就是企业发展之中的业务管理。1976年，安索夫出版的《从战略规划到战略管理》一书中提出了"企业战略管理"。他认为：企业的战略管理是指将企业的日常业务决策同长期计划决策相结合而形成的一系列经营管理业务。由此可见，战略管理与业务管理是相互依靠着的，业务管理是战略管理的一部分。企业先进行战略管理再根据实际的情况和要求制订具体的业务管理，从而使企业得到更大的发展与进步。战略管理是企业发展的首位，而业务管理也是企业不能舍弃的重要一分子。虽然战略管理与业务管理的最终目标是相同的，但企业的战略管理与业务管理也存在着许多的不同之处。

1. 时间成本投入多少的不同

在时间上，战略管理是一个持续的过程，需要从根本上去解决企业所面对的问题，需要一个较长的时间限制的管理方式。可能需要三到五年的时间，但是也有可能需要更长的时间，毕竟是需要从根本上进行"诊治"的。因此，在战略管理之中，长时间已经成为它的一个显著标签，具有标志性的意义。

与战略管理不同的业务管理，从时间要求上就相对短暂。业务管理是一个非常直接的管理方式，能够快速改善或者解决问题，要求"快、准、狠"。这就要求时间上必须要快，快速发现问题，解决问题，随时迎战，且不能在其中投入过多时间影响整个企业的发展走向。

2. 目标确立的复杂程度不同

战略管理目标的确立是企业有序运营的重要保障，也是实现企业不断发展与进步的必要前提。战略管理作为企业长期持续发展的重要保障，是能够影响企业的整体发展趋势的。因此，在目标的确立问题上，战略管理更加复杂，确立的是一个远大宏伟的目标，也是企业必须要实现的目标。也只有这样的目标才能真正激发整个企业的活力，促使人们共同向战略目标迈进。

而业务管理目标却和战略管理目标有着极大的不同，业务管理是以短期目标作为最终的目标，制订了短期内可以实现的目标，目标的设立也更为直接。甚至于一个醒目的数字就能够告诉大家业务管理的终极目标。例如：规定企业一个月的最低业绩要达到多少，或者每一个业务员需要负责多少客户，这些都是业务管理目标的直接体现。因此，在目标之上，两者最大的不同就是一个是企业的整体发展目标，一个是企业的短期发展目标，两者缺一不可。

3. 管理深度的不同

相对来讲业务管理的深度更为浅显，而战略管理则要保持较高的深度。业务管理多为表面上的实际事物，容易被发现，也同样容易被改正或者是提高。业务管理的提升能够直接让企业的业务呈现明显的变化，却往往不能抵达真正的"病根"，因而业务管理想要维持管理效果就需要坚持下去才可以实现。

战略管理是针对企业的整体发展而言的，并非是像业务管理那样的专一的事项管理。战略管理更为全面和系统，需要全方位地把控，更需要从根本上去优化和影响企业自身。因此，在管理深度上来说，企业的战略管理比业务管理要更胜一筹，它能够探寻企业的根本，影响企业的整体发展方向，而并非只是单方面的影响。

4. 对企业的影响程度不同

业务管理对于企业的影响能够直接显现出来，一个部门业绩的提升或是一个新产品的宣传的到位都会对企业产生直接影响。业务管理见效快，持续周期短。虽然对于企业的影响明显，但是也仅仅限于某一个环节或是部门的影响，无法对企业的整体经营造成大的影响。当然，如果这种业务管理深入企业的方方面面，那么这种统筹的管理还是能够给企业造成较大的改变的。

相对于业务管理而言，战略管理短时间内则不会有什么明显的改变，而长久持续下去的话将会产生很大的整体变化。因为，战略管理是一个长期持续的过程，是通过长时间以目标和方针为主导思想进行的活动。一切为了企业能够更持续稳定的发展而不懈努力着。战略管理通过一点一滴的改变将企业的整体面貌进行一个大的转变。对企业来讲，战略管理对企业的影响更大、程度更深，也更为持久。

以上就是战略管理和业务管理之间的不同之处。战略管理作为企业在一定时间内的全局的、长远的发展方向、目标、决策以及决定各部门之间资源调配的管理方式，能够为企业的发展提供目标性的支持，管理者必须对其加以重视。当然，业务管理是企业进行战略管理的一个重要发展方向。因此，战略管理和业务管理必须相互依存，战略管理指导着业务管理的实现，业务管理也必须符合战略管理的整体发展方向，这样两者才能共同促进企业的发展和进步。

第四节　设计战略管理系统的四种模式

企业的战略管理系统在设计的时候要考虑多方面的因素，因为战略管理系统包含企业的战略管理组织、机构、制度等。在战略管理上，规范战略管理的因素有很多，包括组织的规模、管理分割、企业的生产环境、复杂程度、企业面临的挑战等。战略管理系统针对这些因素考虑得不全面，就容易导致战略管理系统的松散、没有规范。因此，想要设计出一个适合企业自身发展的战略管理系统是一件不容易的事情。战略管理系统主要有以下四种设计模式。

模式一：自上而下的模式

特点：由企业的最高层决定整个企业的发展以及管理细则。由高层制订企业的未来发展目标，并针对各部门所定目标进行实际的指导。比如说：苹果公司总裁乔布斯在任的时候就是采用高度集权制，自己统筹整个公司的发展，并且由上至下地进行任务分配。

优点：企业高层管理人员能够集中精力去考虑企业的整体经营方向，制订适合的战略目标以及实际的操作指南。

缺点：企业的高层毕竟是少数的人，在制订企业的发展战略时容易出现疏漏，并且有时对于下层各个部门任务的分配以及实际的指导不能给出特别具体的方案。而且由于高层对下属部门了解得可能不够充分，这种指挥还容易出现指挥不当从而影响战略目标的实现。此外，这种自下而上的模式本就带着一种管理和约束的意思，对于下层的各个部门来说，这种约束带有一定的压力，可能会令他们感到不适，使他们不能更好地为企业的战略目标而奋发。

模式二：自下而上的模式

特点：采取自下而上的模式是由于企业需要很多的信息去制订企业的战略管理计划，如企业要了解主要机会与挑战、主要目标、销售额、利润率、市场占有率等，以及企业内部的人事变化等。通过各个部门提交计划，企业高层再对这些计划进行判断和平衡，最终制订出一个好的战略管理系统。

优点：这种模式更多地体现了各部门的自主性，由于高层没有对各个部门进行直接而具体的指导，这样就会让各个事业部门感到约束性小，各部门能够提出更加优秀的战略计划。同时，这样的模式也能让各个部门得到锻炼，有了更多学习制订战略计划的机会。

缺点：一些事业部门由于长时间的自上而下的模式，对于这种新型的模式不能适应，从而容易影响到企业战略管理计划的制订。

模式三：上下结合型模式

特点：上下结合模式即在战略管理系统制订的过程中，企业的总部与下层的直属人员进行紧密的沟通，并且高层与事业部门都能参与计划的制订活动。由企业高层管理人员对于整个计划提出一个大体的方位走向，由各个事业部门进行补充和扩展。这样能够增强制订企业战略管理系统的灵活性。企业高层在与事业部门交流中制订基本的战略目标，其他各个部门针对自身的数据信息制订适合的战略。

优点：这种模式多适用于大型的分权企业，使企业能够用最少的时间和精力制订出最全面的战略计划，具有良好的协调性。

缺点：这种模式对企业管理人员与下属部门的协调配合要求较高。如果配合不好，可能会导致管理的混乱与脱节。

模式四：小组计划模式

特点：小组一般由企业的高层管理人员与部门的总经理一同组成，他们定时定期地解决企业所面临的问题及挑战。这多适用于小型的集权型的企业。权力集中一点的同时，还能海纳百川，得到更多的实际性的信息，从而保证企业战略管理的有效性。

优点：这种小组工作的模式能够更具灵活性，针对不同的问题采取不同的解决方案。

缺点：如果总经理对于自身的权威过于看重，并且威胁到直接的管理人员，那么这种模式就不容易出现好的效果。

现在大多数的企业采用的都是综合性的设计战略管理系统模式，也就是模式三。模式一与模式二都是一种极端化的设计模式，存在很大的弊端。要想真正趋利避害，就必须学会去综合考虑，不能过分约束，又得有大的整体发展方向的确定。因此模式三这种计划性的模式更多地被大型的企业所采用。

第五节 谁在执行战略管理

一个优秀的战略管理系统想要真正影响到企业，发挥其最实际的效用，最基础的就是执行。一个没有执行的战略管理系统是不具有任何意义的。纸上谈兵最终还是要落到实际的工作中去才能发挥其真正的价值。执行战略管理是企业战略管理系统的最后一关，也是重中之重的一关。将这个重担交到谁的手上比较稳妥呢？

执行这一关键的一步，应当是企业全员的责任。一个企业的战略管理关乎整个企业的未来发展和走向，这自然也就牵动企业全体人员的心。战略管理的执行尤为重要，因此战略管理的执行者也同样重要。一个企业要想真正实现大的转变，仅仅靠管理者自身改变是不够的，需要全员理解企业的战略管理方针，并且执行下去，这样才能为企业带来更大的、整体性的发展。

王强是某玩具厂的经理，由于公司规模较小，人数并不是太多，而且企业一直有着一个完整的发展方向。但是，玩具厂的效益却往往达不到预期。王强发现，最根本的原因就是员工的执行能力不强，制度不够完善。尤其是那些制度无法有效约束员工，比如说：统一着装、对客人尊敬礼貌等。就连那些部门主管都没能以身作则，更不用说对下属做出要求了。这种情况直接影响了玩具厂的发展。因此，为了玩具厂有更好的发展前景，王强开始加强对玩具厂员工的管理：方案执行必须到位，员工要坚决地按照公司总的发展方向执行任务。在不久以后，玩具厂的经济效益果然明显提高。

其实对于如今很多企业来说，它们都面临着战略好、执行难的尴尬局面，这直接影响企业的发展。没有执行力就没有竞争力，企业战略管理成功的5%来自战略，95%则来自于执行力。企业如果不把执行力的问题解决好，那么企业战略管理就是空谈。企业战略管理要分层管理，企业的高层管理人员与一线工作人员协同配合，这样才能更好地将企业战略管理执行下去。全员肩并肩，共同作战才能开启高效执行战略管理的新篇章。

1. 企业高层管理人员执行战略管理

企业的管理人员是企业的领头羊，是需要有敏锐的洞察力和聪颖的商业头脑的。高层的管理人员负责整个企业的发展路线，是决定企业战略部署的关键因素。领导者将路领向哪一方，企业的发展就更容易向哪一方靠近。因此，在企业执行战略管理时，高层的管理人员一定要以身作则，明确自己的职责，制订和执行正确的企业战略管理，并且充分将企业的战略管理方针宣传出去，让基层的员工都能理解并执行，学会调动好方方面面来为企业的战略目标服务。

2. 企业部门经理执行战略管理

处于中层的管理人员应当学会上传下达，对于上层传达的战略管理的重点内容的理解要充分，对于下层的宣传和实际管理要做到位。能够将总体的战略管理目标摸清楚，还要能围绕战略目标将职责、细则分配好。将企业的总体战略管理目标下分出去，通过这种职责划分将企业的整体战略目标划分成一个个小的组成部门，再各个击破，这才是执行战略管理最彻底的方式。

3. 企业基层人员执行战略管理

基层人员往往是对于企业战略管理最没有概念的一个群体，但同时也是企业之中数量最多的群体，并且他们决定着企业的正常运营。加强企业基层员工对于企业战略管理的理解和支持以及最终的执行力都是企业面对的最大挑战。因此，应深化基层员工对于企业战略管理的理解，将责任落实到人，每个人都明确自己的职责。

根据具体的战略目标的安排，基层人员将自己的时间、精力投入企业当中。把自己当作企业的主人，而不仅仅是企业的一个打工者。员工要站在企业的角度思考，为企业的发展贡献自己的一份力量。企业的发展与员工自身的发展息息相关，只有企业强大了，员工才能够强大起来。

战略管理要想真正为企业的发展提供战略性的指导，就必须真正将执行做到位。对于战略管理来说，一般都是需要企业的各个部门协同执行，而且只有各部门真正在企业的发展过程中将战略执行到位，才能不断地促进企业的发展和进步。因此，企业在进行战略管理的时候，究竟谁来执行这个问题是管理者应该思考并且加以重视的。

第六节　如何执行战略管理

互联网时代，很多管理者都会有着这样的疑问：新兴的企业生存困难是因为什么？成熟的企业难以提升又是为什么？企业发展迅猛容易失去控制又是为什么？其实，这一切都源于企业战略管理的执行力不够。执行力不足成为企业持续发展的绊脚石。应探寻企业执行力不足的根源，建立高效的执行管控系统，设定战略管理目标，明确企业的发展动力皆源自于卓越的执行能力。

执行战略管理的第一步，就是制订出一个适合企业自身发展的战略管理计划。企业有了好的战略管理计划才能更好地去执行。可靠的战略管理能够推动企业的发展，有问题的战略管理最终也必将引导企业走向歧途。企业想要更好地执行战略管理就必须先做正确的事。当企业的战略管理计划出现问题的时候，这种不良的战略管理就会产生不好的效果。

在制订企业的战略管理计划时需要企业对其自身的经营状况能够完全地了解，并且对于企业的未来发展方向能够非常明确。企业根据目标制订适合企业的战略管理，既不能过高，又需要贴合实际，做到力所能及。因此，如何执行战略管理成为企业管理者关注的重中之重。

1. 明确企业战略管理的目标

正确实施战略管理就需要将企业长期的战略目标转化为短期经营目标。这就需要将整体的目标分散化，分成一个个能够执行并且明确的小目标。一个企业的战略管理策略不是轻易就能制订下的，需要企业的高层与执行的人进行深度沟通，根据企业的实际情况而确立。因此，在企业战略管理策略新鲜出炉之后，企业应明确战略管理目标。不论是高层管理人员还是基层执行人员都应该充分地理解该目标，这样企业的战略管理才能顺利实施。

但是，基层执行者经常会有事不关己的心态，企业应该在内部树立战略管理目标的新风，通过这种方式去影响基层员工对于战略管理目标的理解。只有企业与个人共存亡的想法深入人心，才会有人真心实意地为企业的战略目标而拼搏。因此，企业在制订战略管理计划时就应当让基层员工参与其中，让他们谈谈对于企业未来发展以及战略管理的看法，充分调动他们的情绪，明确企业战略管理目标。

2. 优化企业战略管理流程

企业的任何战略计划最终都是通过流程来体现的，流程直接决定了整个战略管理计划的执行情况，而流程的优化能够更加方便战略的实施。因此，企业只有在战略管理之中不断将流程优化才能更好地进行战略管理。

某知名家电企业正推行蓝海战略，但其空调的返厂率却始终居高不下。原因是企业采用新的包装盒后，安装空调时经常导致空调外壳出现划痕或破损。由此引发的执行问题是：空调是该直接返厂，还是就地维修？谁来负这个责任？返厂过程中的破损哪个部门承担责任？传统的管理流程里并没有考虑到这些问题，以至于解决问题的过程复杂而拖拉，最终导致客户满意度下降。

3. 企业战略管理的各方要相互配合

在早期的企业运营发展之中，大家都信奉"人多力量大"，但是在实际的运营过程中，并不是仅仅人多就能真的力量大。往往一个企业想要真正发挥战略管理的作用就必须要让大家学会互相之间的配合。企业应当有一个完整的组织构架，不论是按照区域还是产品，抑或是部门划分，这都需要根据企业自身的实际状况来决定。各个环节、部门之间配合默契才能真正发挥出战略管理的价值。

以客户服务为导向的海尔，业界公认其战略执行能力很出色。但它也存在一些小问题。比如海尔的家电产品是通过海尔工贸有限公司进入终端市场，但维修和售后服务还是由电视、洗衣机等各个分厂来负责。也就是说，消费者或者零售卖场，一边是与海尔工贸交易，一边还要与各个分厂打交道。这个过程如果配合得好，问题也不是很大，如果配合不好，效率难免会下降。

4. 企业战略管理的绩效管理

企业战略管理在实际的执行过程中经常会涉及部门之间或是个人之间的利益问题。通过绩效管理，将企业攥成一个拳头出击，力度会很大，同时还会减少企业内的间隙，还能通过绩效管理帮助企业动员并增强员工的自主执行能力。

某家企业经营打印机和耗材业务，其战略是不以打印机销售额为利润来源，而是靠增加耗材销售来获利。这个战略对整个公司的业绩增长是有好处的，但这样分配的问题是，打印机部门的利益受损，耗材部门受益。绩效制订不合理的结果必然是使打印机部门抵制执行新战略。

企业的战略管理是能够改变企业发展的系统的工作，在执行的过程中应当尤为慎重。不要以为战略管理计划一敲定，企业就会按照计划的方向去前行。企业在发展的过程中会遇见很多问题和麻烦，还需要去解决。懂得合理执行，才能增加企业战略管理的成功率。

第七节　华为启示录：通过战略调整实现逆势增长

华为并不是智能领域的元老。作为一个行业新秀，华为遭遇的残酷的竞争不亚于任何一个智能开发企业。华为自创立之初，成功战胜了规模风险、资金风险、技术风险。这一路风风雨雨，这一路与同行竞争，华为有力地击败了众多对手，成了中国乃至世界领域内的智能产品大户。

华为能够逆势增长、取得今天的成就和地位，绝不仅仅是靠产品的优势，更重要的是靠长期以来的规范管理和审时度势的战略调整，这些让华为一直保持正确的航向不断前进。

1. 华为的专业化战略

华为是一个专注的企业，走专业化的道路、走稳健的道路，不搞多元化，是华为的战略之一。1987年，华为创立之初选择了通信设备行业。在举步维艰的困局中，华为坚持了下来，并决心做"世界级的、领先的通信设备供应商"。即便后来的华为有了足够的实力，它也能抵挡住股票和地产领域的财富诱惑，坚守最初的初衷。《华为基本法》第三十七条明确规定："我们不从事任何分散公司资源和高层管理精力的非相关多元化经营。"

2003年，华为的3G产品进入市场，这标志着华为进一步达成了"世界一流"的目标。华为有了与世界品牌抗衡的资本，这也将华为推向了世界的舞台。这时的华为已经声名大震，但它始终如一，甚至将培训、数据恢复、设备的安装调试等对技术要求不高的环节外包出去。

正是这份专业化和坚持铸就了华为的优良品质，成就了华为在智能通信设备领域的飞速发展。

2. 华为的国际化战略

智能化是全球的趋势，智能产品的市场也应该是全球化的市场。近年来，"中国制造"受到世界各地人民的欢迎。而中国低廉的劳动力成本和研发成本又为国货走向世界提供了强大的动力。华为正是早早看到了这一趋势，将目标定位于：占领中国市场，开拓海外市场，与国外同行相抗衡。

早在20世纪90年代末，华为就进行了一系列的改革：改管理、改流程、改造企业文化，加之与IBM的合作，使华为形成了先进的业务理念和IT支持系统。与此同时，华为开始了全球化的战略步伐。华为的全球化战略可以概括为："农村包围城市"、在电信业的冬天崛起、屡败屡战的坚持、快速响应客户需求。

华为的国际化步伐采取的是"先易后难"的务实战略，其发展道路具有两层含义。在国内，华为先做县城市场再做城市市场，用"农村包围城市"的方法来占领国内市场；在国外，为了与欧美跨国公司正面竞争，华为采取了迂回战术：从侧翼把亚洲和非洲的一些国家作为国际化战略的起点。

1996年，华为开启了国际化战略的漫长之旅，起点选在了非洲、中东、亚太、独联体以及拉美等国家。打开第一批战场的同时，华为的技术、产品和服务等已经成熟，完全有了进攻发达国家市场的资本和信心。于是，华为开启了欧洲、美国和日本的市场攻坚战。事实证明，华为的国际化战略是符合华为的发展和国际形势的，是可以带领华为走向世界的。

华为为了积极推进全球化战略，主动"搭船出海"，积极加入国际标准组织，并参与国际主流标准的制定。华为已经通过了欧洲国家运营商的严格认证，成功打开了欧洲市场。

华为还借助金融危机成功渗透进了北美市场，并聘请了大量美国本土员工充实领导阶层，让华为在北美更接地气。

此外，华为的客户战略、创新战略、品牌战略、研发战略、融资战略等都堪称经典。我们会在其他章节分别介绍。下面我们再来看看华为的战略调整。

科技在不断进步，时代在飞速发展，未来人们对智能通信领域的需求也必定会发生转变。在IT与CT融合的大趋势下，华为发展的机遇和挑战并存，在保持原有优势和领先技术的基础上，也势必会在相关领域有所发展。

面对瞬息万变的形势，华为的战略调整已经开始。华为未来的战略目标就是巩固原有的运营商地位，同时抓住云计算和智能手机领域的发展契机，在运营商、企业网和消费者三大领域争取领先地位。为此，华为将继续维持或增加研发投入的人力、物力、财力，保证企业核心竞争力的持续增长；继续加快进军国际市场的步伐。在人才战略方面，华为将继续吸纳高端、创新型人才，以满足用户不断变化和升级的需求。同时，在管理决策层面，也将继续坚持决策前置的机制。

华为的成功告诉我们，战略管理对于企业的长远发展至关重要。战略管理必须是与时俱进的，必须是符合企业实际情况的，必须是服务于企业的发展目标的。企业要审时度势、高瞻远瞩，方能制定有利于企业基业长青的发展战略，并根据形势的变化做出相应的调整，以使企业战略具有真正的指导意义。

第四章

团队管理：建立信任，赢人心

团队管理的关键就在于团队成员之间要建立信任，赢得人心。所以，团队的管理要以信任为核心；关注员工的利益和发展空间；允许员工犯错误；让员工体会到工作的乐趣。同时，管理者还要懂得倾听员工的意见和建议，给员工营造"家"一般的感觉，让员工有归属感，使企业与员工荣辱与共。

第一节 以建立团队的信任为核心

人与人之间建立情感都是需要以信任作为基础的。一个团队中有那么多的成员,这同样也需要企业以信任为核心搭建起整个团队的合作共荣链。只有彼此间充满信任,团队成员才能劲往一处使,才能发挥出团队的最大力量。因而,团队管理是团队构架中的一个重点。管理者要注重团队管理,构建团队成员间的信任氛围,打造出一个高效、高收益的团队,从而带领企业向更高远的地方发展。

任何人想要通力合作都需要互相信任。然而每个人又都是一个独立的个体,都有自己的思想和认知。一个团队发展的基石首先是团队成员之间要相互信任。一个团队中所有成员都不能够互相信任,那么等待团队的结局必然是灭亡。因此,一个企业应当以建立团队的信任为核心,这样才能更好地进一步开展工作。

姜涛是一家小企业的老板,公司规模虽然不大,但是却是姜涛实现自我价值的平台。姜涛连初中都没有毕业就进入社会打拼,经过多年的打拼和自己胆大心细的性格,他积攒下来不少的积蓄。后来,他就利用这笔积蓄开办了这家公司。但是可能是由于自己学历较低的原因,姜涛总是感觉自己公司那些大学生都看不起自己,并且自己也做不到完全信任他们，因此，企业的核心工作一直由自己亲力亲为。

员工也能够感觉得到姜涛的这种心理，但是由于这和员工的工作也没有较大的冲突，所以企业也一直这样平稳运营了几年。但是，近几年，由于受到互联网的不断冲击，姜涛的企业需要专业的计算机方面的大学生来进行产品知识方面的一些改进，可是，这些员工都知道老板对他们的不信任心态，在改进的过程中，他们一直征求姜涛的意见，而忽视了改进的最初目的。虽然姜涛什么也不懂，但是却很享受这种方式，最终使得产品还是无法真正适应市场的需求，致使企业面临倒闭。

姜涛的最大缺点就是无法对自己的团队成员给予充分的信任，而不信任这一观念一旦在团队成员的心里打下印记，就需要长时间的努力才能消除，甚至最终影响企业的发展。因此，在团队刚刚成立或是准备工作阶段，管理者就应该与团队成员建立信任关系，将团队成员视作自己的家人，让团队成员将企业视为自己的家。从而为了这个家的发展，家人们共同努力，迎接挑战、开拓未来。那么，如何建立起团队成员间的信任关系呢？这就要求管理者在团队管理中可以参考以下几点：

1. 人格魅力：领导者以身作则

一个团队中最核心的莫过于团队的领导者，有无数双眼睛都在紧盯着团队领导者。一个领导者需要在团队中树立良好的形象，学会去相信团队中的每一位成员。作为一个领导者就需要能够理性看待问题，当团队成员间出现不信任的情况的时候，需要大家都坐下来冷静去思考问题，领导者此时就是一个舒缓矛盾的第三方。学会以轻松的方式让团队成员之间放下心里的芥蒂并重归于好是一门技术。这需要领导者平时就对团队成员投入更多的关注，知己知彼，才能将矛盾化解于无形。

2. 以真诚为基础：团队成员之间真诚相处

团队成员之间有共同的目标和共同的利益，因而其实是不存在因原则不同导致争执的情况的。但是在我们的日常工作中，或许我们会因为观点的不一致等问题产生矛盾。这个时候我们更要从真诚的角度出发，因为团队的每一个成员的目标都是为了团队能够更好。团队成员中存在歧义没有关系，大家都真诚以待，都以团队的最终利益作为自己的目标，那么必然能够互相体谅并选出最优方案。所以，团队成员之间的交往要从真诚的角度出发，真诚地提出自己的看法、真诚地帮助其他的团队成员，使团队的利益至上。

3. 有效地建立信任方式：增加团队成员间的合作和活动

为了使企业员工之间合作得更加融洽，管理者往往会组织聚餐或是团队出游等活动，这使得员工之间在工作之外也能够很好地拉近彼此的距离。在员工之间搭建和谐相处的桥梁和营造轻松愉快的氛围很重要，员工应在工作中也适当保持轻松氛围，用更宽广的胸怀去工作和生活。通过团队管理建立信任，能够增加团队成员间的配合，给员工一种共同为一个目标努力的实际感，这能够增强团队的凝聚力，信任也就能够在这个时候悄然建立起来。

信任是一个团队的基础，没有信任的团队就像鱼儿没有了水一样，是没有办法存活下去的。在人与人相处的时候，我们应先一步以大度之心去帮助和接纳别人，莫要用鸡肠小肚来看待工作和整个团队。信任是需要每一个人都努力的，大家都不去怀疑别人，这样信任就会一步步产生。

第二节　从"钱"和"前"的角度去关注员工

员工是企业的基石，缺少成员就不能构成一个企业。员工的工作质量以及工作热情直接影响到整个团队的工作效率和企业的最终利益。因为，员工的工作态度对于企业来说是至关重要的。只有好的员工，才能成就好的企业。因此，我们在工作中应当对员工给予更多的关注，了解以及满足员工的需求，让员工爱上工作、爱上企业。

一个员工来到一个企业就职的根本目的是什么呢？无非两点，一是"钱"，二是"前"。为了基本的生活需求，员工需要通过工作拿到薪资，吃上面包、住上房子。另一方面，员工工作也是为了体现自己的价值，因而员工对于自己的前途也是十分的关注。从求职上来看，员工对于企业的最大需求就是薪资以及发展晋升空间。所以，企业从"钱"和"前"两个角度去关注员工更能让员工感受到企业对其的重视度，也能让员工因此更加心甘情愿地为企业的发展贡献自己的一份力量。

1. 物质基础是关键，关注金钱的作用

俗话说"有钱不是万能的，但没有钱是万万不能的"，这话虽不可全盘兼收，但是也是有可取之处的。物质生活是人们生活的基

础，没有人能够脱离物质生活，而我们工作最初和最本质的价值也就在于我们能够通过自己的劳动为自己换取金钱，满足自己的物质生活需求。在一个团队中，我们付出劳动从而收获报酬是理所当然的事情。企业管理者能够通过奖金以及其他的方式对我们实际得到的报酬做出一个调整。通过薪资机制对员工进行激励，是收服人心的好方式之一。

在2016年的6月份，一篇名为《华为员工工资单》的文章受到了大家的广泛关注。这篇文章介绍，华为公司年薪百万的员工人数超过一万，年薪超过五百万的达到了上千人，此工资单一经公布，羡煞旁人。虽然，对于这篇文章的内容是的真实性，很多人都抱有怀疑的态度，但是不可否认的是，华为的工资一直是高于同行业其他公司的。

其实，近两年，关于华为的消息一直都受到了大家的广泛关注。之所以如此，一方面是其发展的快速性使得它已经成为行业翘楚；另一方面，就是华为至今未上市，股权始终掌握在公司的人员手中，这真真正正让员工成了企业的主人，也正是因此而更好地留住了人才。

当然，华为肯定不能完全依靠金钱来吸引人才、留住人才。在这个经济高速发展的时代，仅仅解决温饱已经不是我们工作追求的唯一目标，钱更多的是代表着企业对员工自我价值的一种肯定。这种肯定给员工带来面包的同时，也带来一种精神上的成就感，能够让员工体现出自身的价值。

企业想要收服员工的心，就要让员工感到满足，员工的工资就不能低于行业的平均水平，不然员工会感到不满，进而选择跳槽。团队经过一次次的人员变动也自然更难建立起团队间的信任，工作质量也容易受到影响。比如公司为家住得离公司比较远的员工提供住宿，有餐补或是公司有食堂，抑或是搭建简单的公司休息区，这些都会令员工感到精神上的满足。员工存在的意义是为企业盈利的，因此，企业在对于员工的薪资方面不能吝啬，这样才能真正抓得住员工的心。

2. 个人价值的实现是精髓，重视员工的发展前途

一个人的价值在于自己能否创造价值，也是因为如此，前途才被大家看得如此重要。我们总是在说未来，总是向往未来，那是因为我们期望能够通过今天的努力赢得璀璨的未来，体现出自己的人生价值。因此，企业管理者应当为员工创造良好的价值发挥空间和晋升空间，让员工做到自我价值的充分体现，从而能够认识到自己在企业的发展过程中是非常有前途的。

严芳是一名刚刚毕业的外语专业大学生，在毕业的时候，由于毕业季工作难找的原因，她就通过校园招聘进入了一个汽车4S店担任汽车销售一职。在刚开始的时候，严芳非常不适应也不喜欢销售这份工作，她因为摸不透客户心理，所以经常完不成月任务量。但是，严芳是一个越挫越勇的人，她认为别人可以做到的，自己也可以做到。通过自己的不断努力，三个月之后，她终于完成了自己的个人月任务，拿到了一笔较高的工资。就这样，严芳在这个汽车销售的职位上待了一年，工资越拿越高，但是严芳却越来越不开心。

销售的工作虽然能够给予她较高的工资，但是，却没有较大的发展前途。因为，通过对同事的了解，她知道，销售再往上发展，也就是成为销售组长。在经过深思熟虑之后，严芳最终还是放弃了这份高薪的工作，选择了辞职。

在严芳的工作中，销售人员始终不是自己的最终定位，她需要更好的发展前景，而这个公司满足不了她的要求，因此她选择了辞职。其实在实际工作中，前途代表着更高的职位、更高的薪资、更多的价值，这几乎是所有人穷尽一生的追求。因而，用前途作为激励人心的利器是能够产生很大的效果的。想要用前途拴住员工的心，那么就要求企业领导充分给予员工发挥能力的空间。规范企业晋升制度，给予员工更多的激励，要让员工看到并明确自己的目标方向，通过这种方式增强员工对企业的忠诚度，也增加员工工作的积极性。

在团队管理之中，无论是"前"还是"钱"，都是员工工作的价值体现，只有真正对这两方面都加以关注，管理者才能将管理做得更轻松。一个企业的能力强不强，关键就在于这个企业所能为员工带来的物质奖励是否丰厚，员工体现个人价值的渠道是否多元化。因此，在进行企业管理的过程中，管理者要学会更好地利用这两方面来吸引人才、留住人才，最终为企业创造更高的经济效益。

第三节　给员工做事和犯错的机会

爱因斯坦曾经说过:"一个人在科学探索的道路上,走过弯路,犯过错误,并不是坏事,更不是什么耻辱……要在实践中勇于承认和改正错误。"每一个人都会有犯错的时候,每一个人的人生也都不是一帆风顺的。小的错误在一定程度上可以防止大的过失,犯错并不可怕,可怕的是那些从来不犯错,但是也没有贡献和进步的人。因此,在团队管理过程中,管理者要给员工做事和犯错的机会,学会宽容和体谅员工。

城市猎房网现已成为福州地区最具竞争力的导购门户之一,业务触角延伸到了各个行业。老板陈诗彬是一个典型的80后农村青年,他在创业之初,公司连续几年基本处于亏损的状态。当时陈诗彬带领二十多个员工一起忙碌,但是为了避免员工做不好工作、犯错,他在各个部门的工作中都亲力亲为,使得自己成了名副其实的"大忙人"。

但是,后期为了更好地发展,他开始意识到,公司不可能只靠自己一个人来发挥作用,要学会适当地放权,给员工发展的机会。

于是，他在公司进行了具体的职能部分的分工，自己只管部分经理的工作。这样的结果是，虽然员工在早期难免工作中会出现差错，但是他们也能够得到教训，在今后工作的开展中，更加有条不紊地进行工作，也使得企业得以快速发展。

猎房网之所以能够得到快速的发展，很大一部分原因就是因为团队管理得好。一个优秀的团队领导者会给予员工做事和犯错的机会，也善于用适合的方式帮助员工去改正错误。而只知道自己掌权或者指责员工的领导，终究不能取得好的成绩。不允许员工犯错误，员工就没有改正错误和吸取教训的机会。因此，管理者要学会给员工做事和犯错的机会。

当然，管理者要想让错误成为员工的宝贵经验，就需要在员工犯错误的时候一定要有明确的判断，明确职责。并不是说有错误不能够指出来，是要学会掌握方式方法，错误是一定要说出来的。面对犯错误的员工的时候我们要学会运用管理手段帮助他们解决问题，丰富他们的工作经验，为企业带来创收。

作为一个企业的管理者，应该要允许员工犯错。当然，管理者同时也要建立一个好的管理体系，让员工少犯错。毕竟，错误可大可小，犯错都是需要付出代价的，而那些严重的错误足以令企业倒闭，管理者必须要加以重视。允许犯错并不代表管理者可以让员工无限制地犯错，而是要在适当的范围内，给员工做事的机会，让员工在做事的过程中发现自己的劣势，从而更好地改正，避免未来犯更大的错误。

有人曾说过："总盯着下属的失误，是一个领导者的最大失误。"员工犯错误其实也是一种经验的提升。失败是成功之母，人如果没有不断地在困境中摸索的能力，又如何能够取得胜利抑或是更好地提升自己的工作能力呢？不要将员工犯的错误当成一种巨大的失误和损失，因为往往这些错误能够让员工更快地成长，从而为企业带来更丰盛的利润大餐。

第四节　让员工体会到工作的乐趣

说到让员工努力工作，可能在很多管理者看来就是用金钱诱惑，他们认为金钱是驱动员工努力进步的意义所在。但是，谁又能知道，苹果总裁乔布斯的年薪只有一美元；而台湾富豪郭台铭也是只拿了一台币的年薪，却每天工作16个小时。可能很多人会认为他们作为老板，是在为自己打工，所以当然不会计较薪水的高低了。

其实实际情况并不是这样的。郭台铭曾经说过："为钱而工作会令人疲惫，因为钱并不能给人带来完全的幸福。而为了理想而工作，不仅可以让人耐得住严寒、耐得住挫折，还可以让人获得心灵的愉悦和满足。"因此，如果每一个员工都能像他一样在工作中体会到乐趣，那么，员工的工作效率自然就会大大提高。

2016年，全球财富世界500强名单一出炉，就引发了人们的热烈讨论。在这个新的榜单里，华为企业进步神速。从之前排名的228名，大幅度提升了99名，上升到了世界129名，直接一跃成为大陆民营企业的第二名。很多人逐渐认识了这个企业，开始探索华为飞速成长的奥秘。

在华为的发展之中，它是如何让员工努力工作并且留住人才的呢？无论是在体制方面，还是在员工管理的方面，华为都真正地让员工体会到了工作的乐趣。在很多公司的发展中，一般都是上司给下属安排任务。但是在华为公司的管理中，它只是选择通过合理的安排工作来调动员工的工作积极性，真正让员工体会到工作的乐趣，从而使得员工的积极性被空前提高，这也成了企业快速发展的绝佳动力。

曾经一个华为的技术人员说过："在华为，我能将自己所学全部运用起来，实现自己的人生价值，同时也通过自己的努力与创新将产品带给了大家，这就是我工作的最大乐趣。"

让员工体会到工作的乐趣，从而为企业创造更高的效益一直是华为的发展原则。因为从某种意义上来说，物质和金钱仅仅只能满足人们的生理需求，要想更好地满足员工的精神需求，就需要让员工真正爱上工作，从工作中找到乐趣。同时把员工的个人需求和公司的发展目标结合起来，这样才能推动公司更好地发展。那么，如何让员工体会到工作的乐趣呢？可以遵循以下几点：

1. 建立完善的工作流程和信息共享机制

在员工的工作过程中，工作流程明朗清晰、工作安排合理有效、对接顺利，这能够使得员工的工作效率大大提高，并且能够缓解其工作压力，减少意外事故的发生。而且信息共享机制的建立能够使得大家在工作配合中更加懂得相互理解，使得工作能够顺利、快速地展开，从而有效提升企业的运转效率。

2. 尊重并重视老员工的价值，策划新老员工的互动互助

每一个公司的发展，都离不开那些资深的老员工的支持，他

们可以帮助企业少走很多弯路，节省大量的成本。企业应给予老员工更多的信任、尊重和重视，形成一股"尊老"的企业文化，这样能够使员工工作得更加安心愉快。当然，对于新员工来说，最初管理者和新员工之间会因相对陌生而产生隔阂，要想顺利沟通并不容易。在这个时候，就要尝试让老员工去帮助新员工尽快融入工作环境，从而帮助新员工找到工作的乐趣，提升工作业绩。

3. 制订员工培养计划，设置创新奖励机制

对于很多员工来说，能够得到更好、更全面的发展是其工作的重要意义所在。管理者可以通过帮助员工增加相关技能和知识来让他们建立自信，增加其工作和社会的竞争力。当然，管理者同时还要注意鼓励员工在工作中创新，给予创新者适当的物质奖励，从而激发员工的热情，帮助他们更快地找到工作中的乐趣，并为企业带来大量的创新成果。

可能有一部分员工工作的目的就是为了薪水，但是更多的员工工作时往往不仅仅关注金钱，有时候他们更在意工作本身所带给他们的乐趣，在意他们付出的精力和心血所得到的回报。而管理者需要做的就是让员工觉得自己努力工作是值得的，让他们在工作的过程中体会到乐趣，只有这样，管理者的管理才能达到最佳的效果。

当然，还有最为关键的一点就是，要想员工真正体会到工作的乐趣，就需要管理者学会以身作则，做好员工的风向标。要知道，管理者的工作态度和行为对于员工有着莫大的影响。只有拥有正确价值观的员工才能理解工作的真正意义，从而真正爱上自己的工作，从中体会到工作的乐趣。

第五节　共同分享工作成绩

在工作中,能够得到别人的认可,尤其是得到上司的认可和赏识,是每个员工得到满足感的方式之一。在工作中,能够交出一份优秀的工作成绩,肯定不仅仅是一个人的力量,它是需要管理者和员工共同配合才能达到的。因此,管理者要学会与员工共同分享工作成绩,肯定员工的价值,从而更好地调动员工的积极性,为企业创造出更多的利润。

在职场中,管理者要学会用一双发现美的眼睛来肯定员工的工作优势。共同分享工作成绩可以使得员工感到自己被重视。其实对于很多员工来说,在取得成绩后他们最想得到的就是上司对自己的肯定,希望自己的工作表现受到肯定和重视。

黄老板是一个手机配件公司的老板,公司的规模不算很大,也就十几个员工,但他们都是公司的老员工了,来公司最晚的也已经有两年了,公司有着一个非常团结的工作环境。很多人就非常好奇,为何他的公司员工流动相对小呢?是因为薪水的原因吗?其实不是,这种结果是和黄老板智慧的分享管理方式密不可分的。

在公司的发展中,黄老板特别注重肯定员工的工作成果。他知道，自己在公司的发展中，只是一个发号施令的人，真正要将工作落实到实处的还是自己的员工。因而，在每周的例会上，黄老板都会对上周的工作做一个简单的总结，并且对于那些做出突出成绩的员工，他会将他们的成绩拿出来和所有员工一起分享，并给予表扬，还会适当地给予一些物质奖励。这种做法不仅充分肯定了员工的工作业绩，还激发了他们想要更加努力工作的斗志，使得他们认识到自己在工作中的重要性。

黄老板曾经说过："公司其实就是一个团队。要想这个团队正常地运营，那么，每一个人的存在都至关重要。自然，企业的成果也是每一个人共同拥有的。只有充分给予员工这种重视，肯定他们的价值，与他们分享工作成绩，才能更好地让团队持续运行。"

其实说起来，黄老板的管理方式并没有多么高深、复杂。他只是懂得换位思考，站在了员工的角度来考虑事情，这样事情自然简单很多了。其实，团队的管理在很大程度上就是要重视集体的力量，不要忽略每一个成员，要和员工共同分享工作成绩。那么，管理者如何和员工来共同分享工作成绩呢？可以借鉴以下几个方面：

1. 肯定员工的工作价值

有实验表明：当管理者以公开的形式正面表扬和评价员工成绩的时候，他们的工作效率能够提高90%。对于很多员工来说，受到上司的肯定和重视会使其产生强烈的工作动机。当然，管理者更要学会和员工共同分享工作成绩，从而让员工感受到自己的价值所在，更好地让员工释放出自身潜在的能量，让他们在工作岗位上奋发图强。这才是管理的智慧所在。

2. 学会换位思考，满足员工的心理需求

管理者要想更好地进行管理，就要学会换位思考，学会站在员工的角度去思考，满足员工的心理需求，让员工有更好的心情投入工作中去解决问题。管理者在企业的发展过程中，必须要学会以心换心，管理者只有学会换位思考，才能站在员工的角度，用不同的视角去看待问题，这样才能将问题看得更清楚、更全面、更透彻。

3. 合理规划并且良好执行薪资体系

作为管理者，员工就是你的左膀右臂，也是你工作的最佳动力。建立完整而又合理的规划、执行良好的薪资体系，能够更好地肯定员工的价值，使得员工认识到自己的劳动得到了合理的回报，这也是对员工工作的一种肯定，也是与员工分享工作成绩的一种重要的表现。毕竟，在很多时候，薪资在一定程度上间接代表了员工的工作业绩。

一个优秀的管理者必定是一个不会将功劳独占的上司。团队的力量是伟大的。在团队管理中，一定要重视每个个体的价值。因此，当一个团队做出令人骄傲的成绩的时候，管理者千万不要吝啬自己的赞美，要学会及时肯定下属的能力和价值，和他们一起分享团队的成绩。只有这样，才能更好地建设出一个互相信任、赢人心的团队。

第六节　善于倾听并正视员工的意见和建议

俗话说得好："得人心者得天下。"在管理中同样也面临着这样的情况。管理者和员工的沟通是非常重要的，管理者要学会认真地倾听并正视员工的意见和建议，这样才能在管理中得到员工的忠诚之心。一个成功的管理者不仅仅是依靠自己的想法和思路进行管理，更多的是需要听从下面的人的意见和建议。只有这样，才能互相建立信任，赢得员工的心。

松下幸之助曾经说过："企业管理过去是沟通，现在是沟通，未来还是沟通。"这句话就告诉我们，在企业的管理中，要想对一个团队进行更好的管理，管理者就必须学会多与员工主动沟通，倾听员工的想法，并且真正在工作实践中落实员工的意见和建议，只有这样，才能更好地培养出一个有信任、有人心的团队。

华为总裁任正非曾经在某次座谈纪要上发表了"团结一切可以团结的力量"的讲话，他在讲话中说道：

"营造尊重与信任的氛围与作风。能创造价值的员工（特别是一定层级以上的管理者与专家）往往具有较强的独立思考能力，有较强的自信与自尊，主管要尊重他们的想法，信任他们的能力，要与他们平等沟通与探讨工作上的不同意见。随意打压员工的思想甚至人格是他们带着怨气离开岗位的常见原因之一。公司能够提供的物质激励和岗位机会不是无限的，但尊重和信任可以有效地吸引员工持续在公司发挥价值。各级主管要通过学习提升管理能力，改变自身行为，善用沟通、倾听等管理方法，对员工取得的工作业绩要给予及时的肯定，要在主航道上放开员工的主观能动性与创造性。"

这段话向我们展现了华为集团在管理方面所表现出来的智慧。管理者应该聆听、尊重并重视员工的意见，只有这样，才能团结可以团结的一切力量，更好地进行团队建设。一个团队的管理，绝不仅仅是依靠管理者的智慧，更多的时候还需要管理者集思广益、广纳建议。因此，管理者要善于倾听并正视员工的意见和建议，就应该认识并且做到以下几个方面：

1. 真正的沟通是双向进行的

在团队管理中，管理者与基层员工之间保持有效的沟通是团队建设的关键部分。管理者作为沟通的一方，必须要能够了解员工的想法并且要学会聆听他们的想法，这是沟通的一个重要原则。一味地强调自己的想法和观点的管理者不可能建设出一个优秀的团队。只有保持双向沟通，管理者能够聆听并考虑员工的建议，员工能够正视管理者的建议，这样才能在团队的建设中少走许多弯路，真正笼络住人心。

2. 说话技巧让沟通更加有质量

要想提高沟通的质量，管理者还需要注重说话的技巧。也就是说，要弄清楚沟通对象想听什么、喜欢何种交流方式，然后管理者就可以对症下药，用对方喜欢的方式与其进行沟通，使得沟通的结果更有质量。当然，管理者还需要考虑对方的需求和周围环境的变化，认真地进行回应，同时时刻注意对方的情绪，以便在后面的沟通中做出相应的调整。成功的管理者在沟通的过程中通常是机智而又灵活的，只有这样，才能达到沟通的最终目的。

3. 掌握倾听的技巧

一个优秀的管理者是能够重视自己的员工，并且能够与员工进行畅通且有效的沟通的人。在管理者倾听员工的意见和建议的过程中，掌握且运用倾听的技巧能够使得管理效果大幅提升。要知道，一个人倾听水平不断提高的过程就是其沟通能力、交流效率不断提高的过程。倾听是团队建设中的一个重要环节，作为管理者要重视并且用心去聆听他人的意见与建议。

要想做到真正的倾听，管理者不仅需要和员工保持适当的眼神接触，还需要有适当的表情，并且要避免出现干扰员工讲述的动作姿势。最为关键的是，在员工叙述的过程中，管理者不要打断说话者的叙说，真正做到用心去聆听。只有这样，才能提高信息交流的可靠性和准确性，让管理者更好地了解员工的问题、挫折和需求，并且及时帮助他们，从而达到良好的沟通效果。

在团队管理之中，只有真正地将倾听、沟通的效应发挥到最大，才能建立起一种令人信服的秩序，进而促进员工在工作中创造更高的效益。当然,在团队管理中,管理者如果不善于倾听和沟通,往往就会出现不必要的矛盾,从而造成严重的内耗,这不利于团队的管理和发展。要知道,一个优秀且成功的管理者必定是一个善于聆听员工意见,并且对员工意见加以重视的人。

第七节　建立员工对企业的归属感

在团队管理中，对于管理者来说，建立起员工对企业的归属感是一件非常重要的事情。要想让员工更好地工作，那就需要让员工对企业有强烈的责任感，而这就是员工对企业归属感建立的过程。一个优秀的团队，管理者必将懂得如何让员工建立起对企业的归属感，从而为企业付出。

当然，员工归属感的建立不是一朝一夕的事情。在很多时候，这是需要管理者花费大量的时间和精力来进行的一项任务。归属感的建立是需要员工从思想、心理和感情方面都对公司产生认同感。因此，管理者只有让团队成员深刻了解团队的重要性，并且在团队中形成一股合力，这样才能使得团队上下一心，勇往直前，打造出一个高效率的团队。

建立员工对于企业的归属感，管理者可以从以下几个方面入手：

1. 建立起对员工的愿景规划

在管理者的圈子中有着这样一句话："没有愿景的团队，是走不完两万五千里长征的。"而在员工归属感的建立中，让员工对未来的工作环境有着一个美好的憧憬，发展愿景显然是比薪水更加吸引员工的。在短期利益和长远利益的选择中，显然，长远利益更能够得到员工的青睐。精通管理智慧的人都应该知道，员工心里假如没有未来的话，那么他的心就无法安定下来，这样的员工管理起来自然就更是难上加难了。

因此，管理者在建立员工归属感的时候，可以选择给员工分析企业发展的前景，分析他们的未来，这样才能有效地调动员工的情绪，让他们对企业产生强烈的归属感，从而提高工作效率，以此打造出一个优秀的团队。

2. 建设团队文化来满足员工的精神需求

对于一个团队来说，文化的建设是其发展的一个重要组成部分，也是让员工对公司产生归属感的一个重要方法。优秀的团队文化对于企业的发展具有重要的意义，也是所有员工价值观的体现，它能够促使企业员工坚持不懈地为实现团队追求的目标而努力工作。团队文化中所倡导的价值观、审美观、消费观等都是满足员工精神需求的重要部分。

所以，管理者在建立员工归属感的时候就需要建设团队文化来满足员工的精神需求。团队文化建设要做到思想明确、精神明确和价值观明确，并且将团队文化的建设落实到细节上，只有真正让员工对企业产生一定的归属感，才能更好地进行团队的建设和管理。

3. 建立起完善的薪资奖励制度

薪水不是工作的全部意义所在，但却是维持员工生活的重要物质基础。建立起完善的薪资奖励制度能够让员工更加心无旁骛地在公司工作，从而提高工作效率。著名的心理学家亚伯拉罕·马斯洛曾经提出过马斯洛需求层次理论，而生理需求和安全需求是排在温饱阶段的，也就是排在需求层次中最基础的那一层。这就可以看出,对于一个人来说,只有保持住最基本的生活需要,有着一定的安全感,人们才可以去考虑别的事情。薪水恰恰就是满足员工生理需求和安全需求的重要保障。

以上就是建立员工对于归属感的方法。一个团队要想更加优秀、出色,管理者就必须做到以上几点。只有真正让员工在公司有着强烈的归属感,才能更好地进行团队的管理。因此,一个优秀的团队管理者,手下必定有着一群对公司有强烈归属感的员工。懂得为员工建立归属感的管理者才能够在团队管理中赢得人心,从而让管理达到越管越轻松的境界。

第八节　华为启示录：要活大家一起活

在华为的发展中，除了它自身的发展之外，还有一件事让很多人对华为这个企业表示深深的敬意，那就是"一块饼大家分，要活大家一起活"的利益共享原则。"要活大家一起活"的精神使得华为的员工克服了一道又一道的难关，最终让华为成为跻身世界五百强的企业。

华为的创始人任正非只拥有公司1.4%的股份，对于任何一个和华为有着同等规模的公司来说，这个股份都是一个小股东持有的份额。但是华为却从来没有更改过这一项制度，始终坚持不上市，而是将公司的大部分股权开放给员工。华为一直坚持利益共享的原则，这使得华为成了大陆民营企业中位居第二的优秀企业。

任正非出生于贵州省的一个贫寒的家庭里，家里一共九口人，他是七个孩子中最大的一个。贫穷的家庭环境使得任正非过早地开始体会到生活的艰辛，众多的弟弟妹妹更是使得任正非从小就开始一起和父母承担家庭的责任。更难的是，在任正非上高中期间，一家人只能依靠去山上挖野菜充饥，哪怕只是一个小小的馒头，家里也会将它分成同等的九份，只是为了让每一个人都能够得到公平的对待。也正是由于这种生活经历的影响，使得任正非在创办华为企业之后，始终坚持不让公司上市，坚持"一块饼大家分，要活大家一起活"的原则。

华为的理念就是这样，要活大家一起活，所以华为才能够上下一心，拧成一股绳，发展成一个创造了巨额利润的民营企业。华为给如今的企业树立了一个很好的榜样，也成了大多数企业竞相效仿的对象。那么，其他管理者应该做到哪些才能推动企业像华为一样飞速发展呢？

1. 坚持利益共享的原则

这是一个共享经济时代，在每个企业中，管理者都应该坚持利益共享的原则。团队管理中，利益共享是将所有成员的心聚集到一起的一个关键之法。团队管理的智慧在于激发每一个成员的斗志和激情，而利益则是激发员工积极性的重要一点。因此，华为的管理智慧很大程度上就体现在了这一点上。在华为，每一个员工都是公司的主人，只要有成绩就有利益，这样才能更好地激发员工的工作斗志。因此，对于管理者来说，在团队管理中，要学会使用利益共享的智慧原则。

2. 做到重视员工的感受

员工就好比战场上的士兵，永远战斗在第一线。在满足员工最基本的安全需要之后，管理者就要学会在心理上、行动上重视员工。管理者相当于打了一张亲民牌，大大拉近员工和管理者之间的距离，让员工觉得这是一个真诚的领导，从而更加心甘情愿地为团队效力。

在管理工作中，任何管理者要想达成一个目标，就必须要依靠员工的力量。重视员工的感受能够更好地让管理者在团队管理中团结一切可以团结的力量，这能大大地提高工作效率。因此，在团队管理中，一个不关心、不重视员工感受的领导，是不会有过人的影响力的。要知道，最支持任正非的正是华为那十几万的员工。

3. 提升个人特质，给员工树立一个好的榜样

在一个团队中，管理者是核心的力量，管理者的工作态度和行为也可能是其他员工竞相效仿的。因此，管理者要提升个人的特质，给员工树立一个好的榜样，用自身散发的魅力赢得员工对自己发自内心的尊重，这就能够让管理工作更加顺风顺水地开展。

没有哪一个团队的管理过程是一帆风顺的，也没有哪一个人是天生的管理者。华为也是在成长之中慢慢摸索出了一条适合自己发展的道路，坚持了"要活大家一起活"的原则，成了大陆民营企业第二名。因此，在现如今企业的发展之中，管理者只有真正地做到以上几点，才能将团队管理成一个相互信任、得人心的队伍。

第五章

执行管理：获得预期结果

　　执行，是一个在管理中将想法变为结果的过程，也是两者之间的纽带。在企业的管理中，只有强大的执行力，才可能帮助企业获得预期结果，企业才能获得较高的利润。所以，企业的执行管理要以获得预期结果为目标。

第一节　结果导向，要做到更要做好

美国通用电气CEO（首席执行官）曾经被企业家问到一个问题："我们大家知道的都差不多，但为什么我们与你们的差距那么大？"他的回答是："你们知道了，但是我们做到了。"一句话，道出了管理的智慧。执行的根本在于结果，纸上谈兵谁都会做，但是真正落到实处，才是执行的根本目的。

IMB（国际商业机器公司）公司前总裁路易斯·郭士纳曾经说过："执行就是把战略转化成行动计划，并对其结果进行测量。执行是促使一个战略获得成功的关键因素。"在管理中，管理就是为了执行命令，并且拿出工作结果。而将工作结果最佳化是执行管理的核心所在。因此，管理者要学会以结果为导向，否则知道得再多、目标再远大、计划得再万无一失，也是徒劳无功。

电子商务时代下，实体店受到了严重冲击。某家具销售企业的老板为了更好地控制成本，增加企业效益，决定从原材料开始，摸透其行业的价格、质量等基本情况，争取用最小的成本制作出最好的产品。因此，他派出了三个员工到供货商那里进行实地考察。让他们各自想办法，因为自己只要最终的结果。

第一个员工被派出去不到一个小时就回来了,并开始向老板汇报。当时,老板感觉很奇怪,经过询问才知道,原来这个员工只是通过网上查询和向供货商打电话咨询便有了这个汇报结果。

第二个员工是在90分钟后回来的,他向老板做出了详细的汇报。他是亲自到供货商那里了解了原材料的价格、数量和质量之后才回来向老板汇报的。但是,老板感觉他的汇报还是没有价值,而且为自己的决策提供不了任何有力的支持。

第三个员工足足用了三个小时才返回公司。他不仅亲自到供货商那里了解到原材料的各种信息,并且将供货商那里最有价值的商品做了一个详细的记录,和供货方的销售经理取得了联系,详细了解了市场的销售情况。同时在返回公司的途中,他还去了另外几家供货商那里了解了一下他们的原材料信息,做出了一个详细的对比,并制订出了最佳购买方案,他的汇报使得老板对供货商的情况一目了然。

很明显,在上述案例中,我们可以看出,三个员工的确都完成了老板所交代的工作,也拿出了相应的结果。但是,很显然,只有第三个员工真正尽职尽责地贯彻执行了老板交代的工作,他不仅拿出了结果,并且做到了最好,自然,第三个员工会得到老板的重视。

那么,对于管理者来说,要想以结果为导向,做到更要做好,就需要做到以下三点:

1. 用纪律来约束执行

对于管理者来说,管理要想达到以结果为导向的目的,就必须要以纪律为基础。因此,管理者可以建立起科学、完善的管理制度，以此来约束员工，争取将执行力落到实处，获得预期结果。

但是，在用纪律约束执行的过程中，最终目的是提高执行力，而不是过多地约束员工。切记不可让员工产生畏惧心理，否则结果就会适得其反。因此，管理者要学会将纪律融入员工的思想中去，只有这样，才能让员工最大限度地认可工作内容，更好地执行工作。

2. 用训练提升执行

没有谁天生就有着较强的执行力。只有通过训练提高员工的执行能力，才能真正在管理中获得预期的结果，从而提高员工工作效率。因此，在执行管理之中，要想真正地让员工提升执行力，那么，有效的训练就必不可少了。

用训练的办法来提升执行力就是需要提高员工办事效率，明确员工的工作方向，并且有效整合公司内部资源，充分调动员工的积极性，进行员工素质培训，让员工的执行力体现在完成任务的效率和质量上，从而大大提高员工的执行力，为公司创造更高的利润。

3. 用制度打造出执行

管理者要想打造员工的执行力，就需要制订一个有效的制度，在制度执行的过程中没有特权、没有例外。只有高度的执行力才能让员工获得预期的结果，将任务完成并且做到更好。要知道，一个到处有特权的制度就失去了制订制度的意义，也就打造不出员工的执行力了。

在用制度打造员工执行力的过程中，要制订一个严格的制度就要不折不扣地去执行，即使是管理者也不能去破坏这个规则。管理者应该经常和员工就制度问题进行沟通，并且以身作则，这样才能让制度成为所有人的制度而不是一部分人的制度，从而更好地提高员工执行力。

  管理者要知道,执行是实现预期结果的具体过程,也是想法转变为结果的必不可少的一环。因此,在执行的过程中要做到以结果为导向,真正让员工将执行落实到实处,这样才能真正做到又做好。

第二节　明确责任，建立问责制

在执行管理中，如何提高执行力是每一个管理者都会面临的问题。执行力的核心和目的都是结果，而在取得结果的过程中，执行力和责任是相辅相成的，只有负担起责任才能取得相应的结果。因此，在执行管理中，要想更好地锁定目标、执行管理，就需要管理者明确责任，建立问责制。

在管理之中，达到预期结果的前提就是需要锁定责任，员工有着较强的责任感才能在企业的发展中更好地负担起自己应有的责任，产生更强的工作动力。管理者要具有超强的执行力和使命感，明确团队成员的责任，真正让每一个成员都自动自发地把事情做好，锁定岗位、锁定责任，真正让每一个岗位的员工都承担起应有的责任，从而更好地让团队运行。

了解华为的人大概都听说过，华为总裁任正非有这样一个管理思想："让听得见炮声的人来呼唤炮火。"而这个"听得见炮声的人"显然就是那些一线的销售人员。在很多企业中，都经常有这样一个情况，那就是企业为了防止销售人员为了个人利益而损害公司利益，从而不敢给销售人员太大的权力。其最终结果就是产品价格利润比纸薄，同时销售人员还满腹怨气，这显然是得不偿失的。

而在华为的发展中，显然注意到了这个问题。因此，华为总裁任正非建立了开票连锁责任制度，明确应收账款争议管理的责任矩阵，确定争议管理的责任人，并建立问责制度，更好地保证华为公司工作的开展。任正非曾经针对什么是职业管理人的责任和使命说过："一个职业管理者的社会责任（狭义的）与历史使命，就是为了完成组织目标而奋斗。以组织目标的完成为责任，缩短实现组织目标的时间，节约实现组织目标的资源，这就是一个管理者的职业素养与成就。"

华为在管理的过程中能够更好地明确各个部分的工作和责任，真正将完成组织目标变成了它的社会责任（狭义的），以保证工作的顺利开展。在执行管理中，要想获得预期结果就必须锁定责任。要锁定责任，就要做到以下三点：

1. 避免任何借口

在职场中，不可避免地会遇到那些因为完不成任务而用各种借口来逃避责任的人，而他们这样做就是责任缺失的表现，这也是导致企业无法拿到预期结果、阻碍执行的一个重要原因。在那些成功者和失败者之间，他们最大的区别其实并不在于能力的大小或者金钱的多少，而是在于他们是否能够用责任约束自己，有勇气坚持自己的想法并加以实施。

找借口在一定程度上虽然可以掩盖住达不到预期效果的过失，但是长此以往，就会让员工产生强烈的惰性，这是一种逃避责任的做法，这样，就会给执行管理带来很大的麻烦。因此，管理者在执行管理的过程中，要想锁定责任、获得预期结果就必须让员工不要有任何借口，将工作坚定不移地贯彻执行，这样才能更好地进行管理。

2. 用规则来约束员工

"没有规矩，不成方圆"，任何一个企业要想得到更为长久的发展，都必须有自己的规则，并让员工坚定不移地去执行，承担起自己应该承担的责任，这样才能更好地让规则在企业的发展中发挥应有的作用，管理者才能更好地进行管理。因此，在执行管理的过程中，用规则来约束员工能够让员工更加有动力，从而大大提高其工作效率，获得预期效果。

因此，在执行管理的过程中，管理者要学会用规则来约束员工，可以设定一些奖励惩罚的问责制度，依靠法则来对员工的工作行为进行有效的约束，从而更好地管理一个团队，甚至是一个公司。毕竟，管理几个人、十几个人可以仅依靠自己，但是要想让几十个人甚至是几百个人更好地服从，就必须依靠公正、公平的规则和问责制度来进行有效的约束。

3. 在督查考核中保证执行力

完美的执行并不是简简单单地完成任务就可以，还需要管理者将结果做到最好。要想更好地锁定责任，就需要管理者在员工执行工作的过程中，落实督查考核制度、信息反馈制度、情况通报制度，通过对执行过程中的目标、措施、效果的全程监督来保证工作的落实，从而获得预期的结果。

当然，监督对工作的执行也有着强大的影响力。管理者要强化舆论监督和社会监督，充分利用外在环境的独特作用，向员工大力宣传执行的重要性,并且要对那些执行力不强、没有责任心的人进行工作问责,让责任贯穿整个执行过程,从而更好地进行执行管理,完成任务。

以上就是锁定责任从而获得预期效果的做法。管理者只有让每个员工在工作的执行中担负起自己的责任并且不折不扣地完成自己的任务,才能保证整个行动的顺利进行。因此,在执行管理中,必须要明确责任,实行岗位问责制,这样只要某一个环节出现问题,就能够快速找到责任人,从而使获得预期结果这一目标有了一定的保障。

第三节 锁定目标，一次只抓一只兔子

目标的坚定是一个人性格中最必要的力量源泉之一，也是成功的利器之一。没有它，天才也会在迷径中徒劳无功。而在执行管理的过程中，管理者要想员工更加坚定地去执行工作任务，就必须先给予他们一个目标，真正做到"一次只抓一只兔子"，让他们更好地去执行工作任务。只有目标明确并锁定目标，才能让员工在执行的过程中不会被别的东西所干扰，获得预期结果。

战略计划在执行之前都是人们头脑中的想法，如果没有执行，它就不会具备任何价值。管理者为了达到预期目标，就需要给员工锁定目标，这样不管他们遇到多么复杂的事情，都能够有一个目标去指引，从而能够有条不紊地处理，提升工作效率。针对执行管理中的如何锁定目标的问题，管理者都应该做到以下几步：

第一步：酝酿目标

酝酿目标是锁定目标的第一步。管理者要正确分析员工的能力，为他们设定一个适合他们自己的目标，并且告诉员工要达到目标的理由，这样才能让员工在执行的过程中有目的性。当然，管理者设定的这些目标必须符合实际情况并且要科学、合理，否则目标设置得过高或过低都会影响预期结果的实现。

第二步：分析目标

在锁定目标之前，管理者可以设置几个合理的目标来进行分析和比较，从而锁定最终目标。对多个目标进行比较时，管理者应为目标的实现设置一个期限，确定执行目标过程中所要克服的障碍，并分析哪个目标可以以最小的成本达到最佳的效果，这样比较之后才能真正锁定住目标。总之，管理者要对设定的目标进行全面的分析，这样才能锁定最佳目标。

第三步：评估目标

在锁定目标之后，要做一个目标评估，分析该目标的合理性以及计划实施的可行性。目标过高会导致在单位时间内员工无法完成所规定的工作量，这可能对员工造成一定的压力，产生适得其反的效果；目标过低会让员工在单位时间内能够轻易地完成工作量，使员工逐渐产生惰性，浪费了员工的潜能。因此，管理者要对设定的目标进行系统的评估，适合员工的目标才能有助于执行结果达到最佳效果。

第四步：寻求支持

在目标设定之后，管理者要明白，真正执行的还是员工，自己只是有着目标的决策权。只有真正将目标落实于行动中，才能拿到预期结果。因此，管理者需要将锁定的目标公布于众，并且寻求那些对实现目标有帮助的人的支持，这样才能让目标的执行更加顺利。

第五步：分解目标

锁定目标之后，要学会将目标具体化，也就是将目标进行分解，目标的完成需要一步一步地执行，而不是急于求成，一下子将目标完成。俗话说得好："一口气吃不成一个胖子。"同样，目标的实现也是一个循序渐进的过程，需要我们对目标进行分解，然后一步步实现。因此，管理者要想让员工在执行工作任务的过程中更好地获得预期的效果，就需要在锁定目标之后，将目标进行分解，只有这样才能更加有序地实现最终目标。

第六步：目标专一

在目标确定之后，就要不折不扣地去执行。执行者要目标专一，不要被别的事情所干扰，这样才能在锁定目标的过程中更快地完成任务。

以上就是管理者在锁定目标的过程中应该做到的。执行是将想法和结果联系在一起的过程，只有将目标确定出来，才能让想法和结果在员工心里具体化，从而让员工更好地执行工作任务。总而言之，管理者在执行管理中，务必要锁定目标，让执行更加顺利地进行。

第四节　强化沟通，实现无缝对接

在企业管理中，上下级之间的沟通对于员工工作的开展有着重要的导向作用。在一个团队里，只有管理者和员工保持着畅通的沟通，上下团结一心，才会让团队更有战斗力。如果员工无法正确获知管理者的指令，那么就会迷失方向。如果领导人的指令无法及时、准确地传达到基层，再伟大的计划也无法落实。因此，"强化沟通，实现无缝对接"成为管理者在执行管理过程中需要特别注意的一点。

王璐是一家广告公司的总监，自己的团队中只有三个成员。由于人数过少，使得王璐的工作量大大增加。作为一个管理者，他每天有着大量的事情要去处理，因此，在平时的工作中就没有太多的时间和员工进行交流，通常都是自己匆匆忙忙召开一个会议，将任务布置下去，就全权交由下面的员工来完成，自己则需要去处理别的事情。虽然王璐团队成员的能力都不弱，但他的团队任务完成率并不是很高，尤其是最近，整个团队成员的积极性都越来越差。

为此，王璐特别苦恼，因为他并没有感觉到手下员工有任何懈怠工作的情况。可是，为什么就是没有成果呢？于是，有一天，王璐放下手头所有的工作，开了一个会，向员工说明情况之后，问道："我不知道是什么原因导致现在任务完成的质量如此之差，在我个人看来，我也并没有看出你们工作有任何懈怠之处，这就需要我们共同来分析一下原因，这样才能更好地开展之后的工作。"

这时候，员工小李说道："总监，这主要是因为您太忙了，我们之间严重缺乏沟通。以至于我们不能很好地理解您的指示，全凭着自己的理解在完成工作，自然过程中少不了花费大量的时间，还可能走了许多弯路。"听到这里，王璐恍然大悟，原来是由于沟通不到位的原因造成了自己和员工之间无法进行无缝对接，自然任务质量也就达不到预期标准了。

能够将想法和结果连接起来的才是执行，而要想将执行完美地开展就需要管理者和执行者之间能够实现双向沟通，只有这样，才能真正让想法通过执行变为结果。管理者在执行管理过程中担任着将想法完整地传达给下属的职责，在这个方面，沟通就显得尤为重要了。只有强化沟通，才能真正让想法和结果实现无缝对接，让执行的过程更加顺畅。那么，在执行管理中，管理者要想强化沟通，实现无缝对接，就必须做到以下几点：

1. 明确身份和角色，反复进行沟通

团队的每个成员都有自己的责任和工作。只有团队的每一个成员都说对话、做对事，才能建立起应有的团队秩序，进而在团队合作中创造更高的利润，让公司的发展更上一层楼。而只有管理者明确自己在团队中的身份和角色，才能更好地实现良好的沟通。因此，在执行管理之中，管理者要学会明确自己的身份和角色，与员

工实现有效沟通，让沟通成为企业管理者和员工之间建立无缝对接的纽带。

一个出色而又成功的管理者不仅能够懂得与员工进行沟通，而且还会为了让员工能够更好地完成工作任务，针对一个问题进行反复而有效的沟通，这样能够不断增强管理者和员工之间的默契，从而让工作完成得更为顺利。只有这样，才能让想法更好地通过执行落实到现实中。

2. 学会曲线地、不带个人情绪地进行沟通

沟通的方式是多样化的，尤其是当某一种沟通方式行不通的时候，管理者要学会迂回战术，采取曲线沟通的方式，并且要在沟通时摈弃个人的情绪，这样才能达到更好的沟通效果。作为一个管理者，在团队中本来就和员工扮演着不同的角色、身处不同的职位，这就需要管理者学会摈弃个人的情绪，通过全方位的客观的观察来实现沟通。

在当今社会，员工的主权意识在逐渐提高，管理起来也就较为困难。尤其是在沟通的时候，两个有情绪的人根本无法有效地进行沟通。因此，在强化沟通的过程中，管理者务必要学会控制住自己的情绪，避免将不良情绪传递给自己的员工，从而影响整个团队的内部沟通效率。

3. 多种沟通方式并行，积极主动地进行沟通

我们以华为集团为例，该集团内部，上行、下行、平行和交叉的沟通方式并行，并且各个沟通方式都有主次，这不难看出，华为有着较强的沟通管理意识。当然，要想强化沟通，就必须真正将沟通做到位。管理者应该采取多种沟通方式并行的方法，以此实现全面沟通，达到无缝对接的目的。

要想通过强化沟通来更好地实现无缝对接，管理者就必须注重主动沟通的效果。在管理的过程中，主动的沟通相比于被动的沟通来说，自然是更加有效率的。要想强化沟通，从而更好地执行工作任务，这就要求管理者必须在执行的过程中能够积极主动地去沟通，形成良好的沟通环境，让执行的过程更加顺利，这也可以让员工更好地领会管理者的想法。

成功的管理者都明白一个道理，即沟通是影响执行过程的一个关键因素。沟通的好与坏，直接决定了人们能否通过执行将想法变为最终结果。强化沟通能够帮助管理者和员工更好地让工作开展下去，也能让双方的意见更好地表达，从而达到最佳执行效果。要知道，若管理者有了想法却不和员工或下属沟通，那么，企业所设定的预期目标将永远也无法达到。

第五节 实时跟进，过程管控必不可少

对管理者来说，在进行管理的过程中，要想让一切能够更加顺利，除了结果导向、明确责任、锁定目标和强化沟通之外，还需要管理者能够实时跟进任务，进行全程监管。在工作执行的过程中，员工可能会受到很多意外情况的干扰，其中包括内部因素也包括外部环境。因此，管理者就需要实时跟进，进行必要的监控，以便随时解决在执行过程中出现的意外情况，保证能够更加高效地实现对员工的管理。

执行管理的过程中，管理者进行实时跟进和过程监管可能在一定程度上给员工带来了工作压力，但这也同样可以让他们变压力为动力，从而更好地提高工作效率。尤其是对于那些刚刚步入社会的新员工来说，必要的压力能增加他们工作的动力，能够大大提高他们的工作效率和质量，促使他们最终在规定时间内完成工作任务。

福特汽车公司是世界最大的汽车企业之一，其影响力在发展迅速的欧洲市场甚至已经超过了通用汽车公司。但是，福特公司的发展却不是一帆风顺的。在创始人亨利·福特领导的时期，公司累积的盈余高达十亿美元，但是之后便开始逐渐走下坡路了，连续出现

了亏损。

亨利·福特用了十几年的时间努力经营福特公司，将福特公司建成了一个世界闻名的企业。但是，在亨利·福特的管理中，在有效监督、实时跟进员工工作方面有一定的缺失。面对亏损，亨利·福特的孙子接管了公司，并引进了一套新的管理体制，加大了对员工的管理和监督力度，使得员工的工作效率大大提高，这使福特汽车公司重新获得发展机会。

福特公司之所以能够扭亏为盈，与他们改变管理方法、实现实时跟进和监督有着莫大的关系。管理者对于员工缺乏监督管理很容易造成员工工作滞后、执行力低下。执行管理之中，管理者要想取得最佳的管理效果，就需要在员工工作的过程中对其进行必要的实时监管和跟进，这样才能保证管理执行过程中的每一步都在其预期发展之中，从而避免意外情况的突发。因此，如何进行实时跟进及过程监管，成了管理执行过程中管理者面临的关键问题。为了达到这个目的，管理者可以从以下几个方面着手：

1. 建立分值合理的工作列表

管理者要想实行实时跟进，就必须给员工设定一个分值合理的工作列表，从而让员工有短期的工作计划，然后让员工一步一步地去完成这些计划。管理者可以先制订一个长远目标，然后将该长远目标拆分为多个短期目标，让员工有序完成每一项短期目标，最终实现长远目标。当然，在工作列表建立的时候，管理者必须明确自己所设定的每一步，每一个目标都是想要达到什么样的结果，将会对长远目标产生什么样的影响。只有这样，管理者才能在实时跟进的过程中，判断员工的工作进度，检查计划的实施成果，预测能否获得预期结果。

2. 定期召开会议

要想更好地了解员工的任务进度，管理者就必须定期召开会议，会上可以让员工报告工作的进度，给员工一个表达意见和建议的机会，从而让管理者更好地掌握任务的执行进度。当然，这个定期的会议也可让管理者和员工有一个双向沟通的机会，这能够更好地解决执行过程中遇到的一些问题，保证之后工作任务的顺利完成。

3. 不定期现场检查和追踪

在当今社会，很多企业都存在一个严重的问题，那就是"欺下瞒上"。在老板在的时候，员工工作是一个样子，老板不在的时候工作又是一个样子，完全是一种"我在为老板工作"的状态。这是一种严重错误的想法和态度，但却又真实地存在于众多企业当中。因此，管理者可以采取不定期现场检查和追踪的方式，让员工时刻保持高效率的工作态度，这样才能让员工更好地完成工作。

任务的执行是为了让想法更好地实现，而在这个过程中，员工也可以通过自身能力的发挥实现个人价值。因此，管理者除了要通过以上方法来进行实时跟进之外，还需要从根本上转变员工的思想，让他们树立一种正确的价值观。只有这样，才能在实时跟进的过程中避免意外情况的发生，保证工作的顺利完成，获得预期的结果。

第六节 奖惩制度决定全员执行力

在一个公司中，奖惩制度对于员工的工作执行力有着莫大的影响。奖惩制度是对员工的工作行为和态度加以约束和奖罚的一个重要工具。在员工执行工作任务的过程中，管理者对待员工应该在该奖励的时候给予奖励，在该惩罚的时候按照规定进行惩罚。只有这样，才能让员工在工作中更加知进退，从内心深处对工作产生一种敬畏心理，并且懂得依照制度做事，这样才能让管理者的管理工作开展得更加顺利。

不得不说，在管理执行的过程中，通过奖惩制度提高员工的工作积极性比任何方法都管用。管理执行的过程要想变得更加顺利，就必须有相应的奖励和惩罚制度，运用该制度对员工的行为产生一定的约束，这样能够让员工更好地执行工作任务。当然，在这个奖惩制度中，最为关键的一点就是制度必须透明化。

华为公司始终秉承着严格的奖励和惩罚制度，所有的人都一视同仁，绝不允许出现"特殊"的情况。华为曾经设定了一项"从零起飞奖"，该奖是华为对那些在过去的一年里，虽然奋勇拼搏，但未取得重大突破、未达预期目标的团队负责人的惩罚。团队负责人需要践行当初"不达底线目标，团队负责人零奖金"的承诺。

在这项制度中，华为的领导人员也曾经有过年终奖金为"零"的记录。这代表着华为始终在不折不扣地执行严格的奖惩制度，丝毫不会因为个人职位的高低而出现任何特殊情况，这在一定程度上给予了管理者以及员工压力，同时也体现了华为公正、公平的管理原则。

华为能够在短时间内在如此严峻的市场环境下迅速发展，这和华为如此严格的奖惩制度有着莫大的关系。奖惩制度的实施能够让员工有更强的执行力，从而让员工更快、更好地完成任务。那么，如何通过奖惩制度的实施来提高员工的执行力呢？管理者应该做到以下几点：

1. 坚持制度的公平性：奖惩制度实行要严明

奖惩制度要想充分得到广大员工的支持和信任，就必须要坚持制度的公平性，要公正地对待每一个员工，并且管理者更要以身作则，不折不扣、毫无偏私地执行奖惩制度，不能因为个人职位的不同而在制度执行的过程中出现例外。就好像上述案例中，华为企业的高管丝毫不会因为自己的身份而在执行奖惩制度时将自己与他人区别对待，真正将奖惩制度不折不扣地执行，坚持制度的公平性。如果奖惩制度失去了公正性和公平性，就会丧失制度本身的意义，自然也就没有人会信服，这样的制度自然也就没有任何意义了。

2. 坚持适度原则：奖惩制度要适度

在奖惩制度实行的过程中，奖惩制度要坚持适度的原则。任何奖励和惩罚如果失去了限度，就会背离制度的初衷，也就没有让制度设置的理由了。在一个公司的管理中，要想让员工心甘情愿、充满激情地工作，就需要管理者在制度设立的过程中，能够摸准员工的心理。奖励能够达到激发员工热情、让员工更加努力工作的目的，而惩罚就要让员工牢记教训，更加有责任、有动力去完成工作。只有这样，才能让奖惩制度发挥应有的作用，让员工更有工作动力。

3. 不断完善奖惩制度：制度要"与时俱进"

设置奖惩制度的最终目的是为了让员工更加用心、努力地去工作，而不是为了单纯地奖励或者惩罚员工。要想公司更好地发展，就必须随着公司的发展来不断提高奖惩制度的标准，从而让员工不断提高工作效率，提高员工的任务执行力，从而促进公司的不断发展。公司在发展，制度也要不断地完善和更新，只有这样，才能让公司的发展更上一层楼，能够有着更加美好的未来。

管理执行的过程中，要想让员工更加积极、努力地工作，就必须要有严厉的规则和制度来约束员工的工作任务执行力，让员工能够在公司的发展之中贡献出自己的一份力量。而奖惩制度的实施能够对员工的工作提出更为明确的要求，能够让员工自觉地去约束自己，更好地完成工作任务，也更加方便管理者对员工进行管理，从而更加有效地促进企业的发展。

第七节 华为启示录：华为的"三高"机制

在华为总裁任正非的眼里，"高工资、高效率、高强度"是公司一直以来的追求和员工工作的动力。他始终坚信：高工资是员工工作效率提高的第一推动力。"三高"体制与企业的发展是相辅相成的，是不断促进华为迅速成长的重要体制。

所谓"重赏之下必有勇夫"。在华为的体制之中，它所给予员工的不仅是高工资，而且还有着高于同行的股权和其他待遇。因此，华为的技术型人才流失率也是低于同行业其他公司的。华为的"三高"机制在提高员工工作效率的情况下，同样给予员工高回报收入，这种既能促进公司的发展又能获得员工支持的方式是管理者在进行管理时的一个重要方法。

随着华为制度和体制的日趋成熟，公司的发展也开始进入一个前所未有的高度，同时也引来了更多企业的关注，而华为的"三高"机制也得到了更多企业的认可。员工是推动企业发展的主要力量，要想更好地促进企业的发展和进步，就必须要学会对员工的能力进行有效地激发，让他们尽可能多地展现自己的优势，尽可能多地发挥自己的价值。

要想提高企业的执行力，就需要管理者真正做到权利和义务对等，即真正做到公平、公正。就好像在华为高强度、高效率的工作下，企业自然给予员工以高收入的回报，从而让员工的工作结果物有所值，这样对于管理者来讲就自然会有更高的执行力，能够更好地促进公司的发展。

管理在于制度，制度在于人心。管理者要想更好地提高员工的工作执行力，就必须真正做一个有心人。因此，管理者只有挖掘出员工的优势和潜力，才能在管理的过程中更好地将员工的优势利用起来，提高工作效率。

"三高"体制的实行在很大程度上不仅仅是对员工工作的有力规范，更是对员工提出了更高的要求。在执行管理的过程中，高效率自然就会带来强执行力，这就能够更好地促进员工的发展和企业的进步。华为不怕投入过多的金钱，也不怕员工多挣，只要员工能拿出同样高的工作效率和工作内容来，获得高回报也是自然而然的。而华为的迅速发展不得不说和"三高"体制有着莫大的关系。

当然，华为的发展和进步是所有企业应该学习和借鉴的。"三高"体制不仅仅是对员工行为的有力规范，更是其他企业借鉴的管理的核心内容。执行的精髓在于制度，制度的精髓在于公平。因此，管理者必须要在管理的过程中保持公平公正的态度，以制度为规范，这样才能更好地提高员工的执行力。

第六章

研发管理：创新才是核心

　　创新是企业生存和发展的关键，在互联网时代，创新更是提高企业竞争力的重要保证。所以，企业应为员工创造鼓励创新的环境，在研发中还要打破部门界限，实现跨部门协作，确保研发成果。然而，创新具有风险性，所以，不能以暂时的研发成败论英雄。

第一节　创造一个鼓励创新的环境

创造一个鼓励创新的环境，能够最大限度地鼓励全体员工进行创新，这是在企业管理中实现创新的关键。在企业研发管理的过程中，创造一个鼓励创新的环境，能够让全员参与其中，充分发挥员工的聪明才智、调动员工的积极性。要知道，良好的环境和氛围能够让人们的思维变得更加活跃，创新的点子和想法也就增多了，这就能推动研发创新的实现。

环境是影响创新的重要因素。在研发创新的过程中，管理者需要对现有的创新环境进行基础了解，从而更好地在之后的创新研发过程中明确一个大致的创新方向。在研发管理的创新过程中，创新不仅是一个人的创新，更是一群人的创新。只有全员创新，发挥所有员工的聪明才智，这样才能有更多的创新产品，让公司获得更好的发展前景。

3M（明尼苏达矿务及制造业公司）鼓励每一个成员都参与到开发新产品之中，并且假如员工的创意得到公司的支持，就相应地建立一个新产品开发实验组，从而保障研发工作得以成功实现。

而且3M公司允许研发人员花费工作时间的15%用于在实验室中

进行自己感兴趣的研究与开发，公司努力为他们创造一个轻松自由的研发、开发环境。当然，假如员工的研发失败了，那也没关系，员工不会受到任何冷嘲热讽，依然可以从事原先的工作，且公司会依然支持员工创新构思的实验，始终为员工创造一个鼓励创新的环境。

在3M公司中，人才一直是企业最为重视的一个方面，人才是创新的主力军。要想将现有人才更好地在创新方面进行利用，企业就必须有着一个鼓励创新的环境，要知道，现代企业中的创新已经不仅仅局限于专业技术人员的创新，更多的是要求企业全员参与到创新活动中。而管理者最为基本的任务就是需要给所有参与创新的人创造一个鼓励创新的环境，从而不断激发员工的灵感，最大限度地挖掘员工潜力。要想创造一个鼓励创新的环境，就需要做到以下几点：

1. 充分授权，给予员工足够的发展空间

在研发管理的过程中，要想更好地激发员工的创新能力，就需要管理者保证他们有足够的施展拳脚的空间，这样就能够让创新参与者最大限度地发挥自己的潜能，为企业的发展贡献自己的力量。因此，在创造鼓励创新的环境的时候，管理者要学会适当地放权，充分给予员工一些必要的职权，让他们有足够的发挥空间，从而更好地进行产品创新、销售创新等。

2. 通过沟通成就管理

对于研发管理来说，管理者更需要对沟通的方式、方法加以重视。通过良好的沟通才能将一个组织中的成员联系在一起，实现员

工之间思想信息的交换，从而更好地拉近彼此之间的距离。只有这样，才能让员工在一个更加自由、舒适的氛围下进行创新。沟通可以加强团队成员之间的相互合作，从而调动团队成员的聪明才智，这样才能在创新的过程中相互激励、共同进步。

3. 加强员工的职业技能培训，从工作中获得评价和判断

管理者要想营造一个鼓励创新的良好氛围就需要引进先进的科学技术，从而引导员工学习先进的技术技能，提升员工职业素养。这样可以让员工有着更广的知识面，也更加有利于员工的创新。当然，管理者还可以让员工从工作中总结得与失，帮助自己整理思路，从而更好地在团队合作中进行创新。

管理者在进行研发管理的过程中，创新是核心，而一个鼓励创新的环境是实现创新的必要条件。只有真正将创新融入研发管理之中，才能不断提高企业工作效率，进而让公司获得更好的发展前景。因此，创造一个鼓励创新的环境对于研发管理来说有着重要的意义，管理者必须加以重视，并将其应用到实际生活之中。

第二节　将营销观念融入研发中

营销是工作中非常重要的一个环节，而在研发产品的过程中，研发的最终目的也是为了达到最佳的营销效果。创新是研发的核心，而营销却是创新的关键。产品的创新做得再好，但是没有任何营销力，这对于企业来说也是丝毫没有意义的。因此，在研发管理之中，企业必须要学会将营销融入产品研发当中进行创新，只有这样才能为公司创造更高的利润。

企业不是一个慈善机构，创造利润是企业得以更好生存和发展的有力手段。在当今社会，只有拥有较强的营销力的企业才能在这个激烈的市场竞争环境中取得较强的优势。因此，管理者必须将营销观念融入研发之中，这样才能促进企业更好地发展。

王强和田彬都是一家大公司的研发部门的技术顾问，主要负责公司产品的研发和创新，并且要不断进行产品后期的维护。但是，王强在工作中从来不拘泥于自己的本职工作，经常在闲暇之余与公司的销售、运营部门同事进行交流和沟通，不断进行产品销售问题的询问，进而了解在销售中产品都有哪些问题，将营销的观念融入了研发之中，使得产品的研发更加符合市场的需求，从而达到更高的销售率。

但是，田彬的工作方式与王强完全相反，他在研发部门一向信奉产品的经典研究。但是随着时代的不断进步，市场的需求也处于动态变化之中，他所研发的产品始终触碰不到消费者的消费痛点，因此，他也始终没有好的销售成绩。而王强由于经常与销售、运营部门进行沟通，能更好地抓住消费者的消费心理，从而其研发的产品更符合消费者的购物需求，更加具有营销力。因此，在不久之后的技术总监竞选中，王强毫无疑问地竞聘成功了。

其实王强和田彬最大的不同点就是一个"接地气"，一个却只知道"闭门造车"。在企业的研发管理之中，要想更好地让产品符合消费者的要求、大幅提升销售率，就必须具备更好的营销力。只有了解到消费者的意见和需求，才能真正让研发的产品更加符合市场的需要，才能更加具有营销力，从而不断地为公司创造利润。那么，在研发管理过程中，管理者如何让研发人员将营销的观念融入研发之中呢？以下几点可以作为参考。

1. 了解市场的需求和消费者的感受

营销的受众方就是市场，而市场中消费者则是主力军。在研发过程中，将营销观念融入其中就需要员工深入了解市场的需求和消费者的感受，从而研发出符合市场消费趋势的产品，这样才能让产品具有较强的营销力，最终为企业创造更多的利润。因此，在研发管理之中，管理者要注重对整个市场需求的了解和对消费者购物需求的研究，这样才能更好地将营销和产品结合起来，既实现了产品的创新，又能够让产品销售得更好。

2. 与市场推广和销售人员进行最为直接的沟通

在营销之中,要说谁是最为重要的角色,那肯定是市场推广和销售人员。他们是和消费者或者厂家进行最直接沟通的人,也是最为了解市场的人。尤其是在双方达成交易的时候,市场推广和销售人员是最能够接收消费者意见的人。就好像案例中的王强一样,他从来不会局限于自己的一片天地中,而是通过能够和消费者直接接触的市场销售人员了解消费者的要求,从而更好地完善研发产品,让产品更加符合用户和市场的需求,使产品更加具有营销力。

3. 不断对新产品进行测试

要想将营销观念融入产品研发之中,就必须不断地进行产品的测试、改进,只有这样,才能使产品更加符合市场需求,但是同时又必须要坚持自己的产品特色。在研发管理之中,创新是研发的核心,但是营销力却是能够让企业持续创新的保证。因此,在将营销观念融入产品研发中的时候,管理者务必要学会不断地对产品进行测试,从而让产品得以更好地营销。

没有营销力就没有利润,在企业发展过程中,产品的研发必须将营销的观念深入其中,这样才能更好地为企业创造利润,促进企业的发展。因此,管理者如果能够真正将创新的观念融入企业的研发之中,那么在面对市场上的强劲对手的时候,自己就不会乱了阵脚,企业距离成功也将会越来越近。

第三节　给研发人员足够的成就感

在研发管理过程中，研发人员是创新的主力军，也是研发过程中的主要人物。管理者应该对研发人员给予足够的尊重和重视，让他们有着足够的成就感，这样他们才能够更好地进行产品的研发和管理。创新是企业的灵魂，而研发人员就是创新的主要力量。因此，管理者在研发管理中，要对研发人员给予高度重视。

联众公司研发中心技术总监周志超曾经说过："技术人员最重视的是公司对自己的信任度，最需要的是成就感。"的确，企业要想迅速发展，就必须重视创新，把握创新的力量，这也就是要把握住研发人员的力量。对于当代企业来说，留得住人才才能让企业发展壮大，因此，给予研发人员足够的成就感是管理者在进行研发管理的过程中应当极为重视的地方。

小胡是某知名公司的主要技术研发人员，在2015年为公司产品的研发和创新创造了不菲的业绩，并带动了企业整体销售额的增长。因此，在公司2015年的年度总结会议上，小胡作为研发部门的代表，受到了公司的高度表扬和嘉奖，并且得到了一笔丰厚的年终奖金。当然，在表彰会之后，研发部门的主管又针对整个研发部门成员的工作提出了表扬，并提出了下一年的要求和希望，同时提高了整个研发部门成员的工资，让所有研发部门成员为此欢呼雀跃。

其实给予研发人员足够的成就感就是需要管理者站在研发人员的角度进行思考，在不损害公司利益的前提下，满足他们的要求，为他们创造一个好的氛围，从而让他们更好地实现研发和创新。而管理者要想给予员工足够的成就感，就需要参考以下几点：

1. 不断完善的薪资福利制度

对于研发人员来说，薪水可能不是工作的全部，但是却可以帮他们维持生活。毫无疑问，薪水的多少在一定程度上代表了研发人员能力的高低。薪水多的人肯定是公司的重要研发人员；而薪水少一点的人自然就是仍需努力提升自我能力的研发人员。因此，管理者在研发管理当中，一定要注重不断完善员工的薪资福利制度，能者多劳多得。只有这样，才会让研发人员的付出与收获成正比，才能更好地满足他们的成就感，从而为企业的发展贡献出更多的力量。

2. 定期开展表彰宣传会议

表彰宣传会议的开展有利于稳定员工队伍，统一员工思想。在定期的表彰会议上，管理者可以对有突出贡献的研发人员给予口头上、书面上的嘉奖，肯定他们的工作成绩。要知道，相对于其他物质性的奖励来说，研发人员更多的是想要自己的产品得到肯定。因此，管理者要学会定期开展表彰会议，在会议上肯定员工的成绩，并提出今后的要求，鼓励他们再接再厉，做出更多的成绩，从而促进企业的发展，同时也实现了自己的个人价值。

3. 说到做到，以人为本，尊重员工

对于管理者来说，要想让员工对自己能够信服和尊重，就必须凡事说到做到，真正成为一个商业领袖，激发自己员工的潜力。只有充分尊重员工、以员工为本才能让他们意识到自己是公司的重要一员，从而努力发挥自己的潜力，为企业的发展效力。因此，管理者要想更好地进行研发管理，就必须坚持言出必行、说到做到，尊重员工的想法和意见，给予他们足够的尊重之后，自然他们也就会回报更多。

当然，对于研发管理来说，管理者只是充当一个商业领袖的角色，要想让员工更加全身心地投入到研发之中，就必须给员工足够的成就感。只有他们的工作得到了肯定，他们才能更好地进行产品的研发和创新。

第四节 跨部门协作确保研发成果

华为总裁任正非曾经说过:"华为的每个部门都要有狼狈组织计划,既要有进攻性的狼,又要有精于算计的狈。"其实,只要提到华为的团队合作,很多人都这样形容过:"胜则举杯相庆,败则拼死相救。"这就是华为的团队协作精神。对于研发和创新来说,跨部门的协作能够让研发人员更好地进行创新,并确保产品的成功研发。

产品的研发和创新在企业发展中是一项综合性的工作,存在着大量需要跨部门合作的地方。跨部门合作能够快速地将员工连接在一起,实现高效研发。所以,管理者应该在管理过程中加深各部门之间的合作,确保研发工作更好地进行。

其实,在部门之间相互协作的过程中,管理者可以将管理简单化,即制订一个统一的制度来进行统一的规范。这样,就可以让研发工作更好地在各部门之间开展,促进研发工作的成功。因此,对于研发管理来说,跨部门的协作对于确保研发结果有着重要的作用。那么,在跨部门协作的过程中,管理者应该做到哪几点呢?

1. 各部门对产品的开发有着统一的认知

各部门对产品开发有统一认知是进行跨部门协作的最基本的条

件。打个最简单的比方：对于一个产品的研发来说，技术部门负责产品的研发；测试部门负责产品的监测且执行测试任务；而质检部门则是需要对产品研发流程和指令的稳定性进行质检；而市场部门则是负责产品的后续营销问题。而这些部门合作的前提就是需要他们对产品的开发有着统一的认知，否则将给各部门的协作带来很大的困难。

2. 建立起有效的跨部门协同机制

对于研发管理来说，研发部门是产品开发的主体。但是在各部门的协作之中，每个部门都有着各自的工作流程和规范。建立起有效的跨部门协同机制能够使得各部门的合作更加流畅、自然。当然，对于一个企业来说，建立起信息共享的工作平台能够更好地开展新项目，让各部门大大提高工作效率，从而更好地进行跨部门协作，确保研发成果早日上市，及时占据有利的市场地位。

3. 有着明确的产品开发管理流程

跨部门协作必须有着明确的产品开发管理流程，要做到明确各个部门的职责，然后各部门不折不扣地去执行，将产品研发过程中的每一步都制订一个详细的计划，制订一个可以联合所有部门的总体流程，方便日后各个部门之间工作的开展。当然，制订一个能够让各个部门参与产品开发的统一部署，能够让各部门之间井然有序地工作，避免出现问题之后各个部门相互推卸责任。

4. 通过有效的手段进行绩效管理

在跨部门协作之中，由于每个部门承担的职责有所不同，工作量也是无法统计的。每一个人、每一个部门之间做得好与坏也没有很明显的统一的判别标准，这就造成了员工的动力不足，使他们很难真正将自己最大的潜力发挥出来。而通过有效的手段进行绩效管理可以将压力层层分解和传递到各部门中，促使各部门更好更快地完成各自的任务。当然，阶段性的激励和奖惩能够更好地带动各部门人员的工作热情，从而促使研发成果的成功。

以上就是通过跨部门协作确保研发成果时需要管理者做到的几点。管理者在研发管理之中，必须对跨部门的协作加以重视，这样才能确保研发成果先他人一步上市，并且得到客户的喜欢和好评。因此，在跨部门的协作之中，要综合各部门的力量，真正将各部门连接在一起，研发出能够受到市场和消费者欢迎的产品，进而达到为企业创造更高利润的目的。

第五节　技术管理一定要注重积累和分享

在企业的众多部门中，研发部门一直是企业的核心部门，而技术管理则是研发部门的管理核心之所在。管理者要想让产品更好地适应市场发展规律和消费者的需求，就必须注重技术的管理，尤其是在研发部门这种注重创造性的部门之中，技术的流失不仅是研发部门的损失，更会对整个公司产生很深的影响。因此，技术管理的积累和分享对于研发部门来说是格外重要的，对于整个公司的发展来说更是关键。

在每一个团队的成长过程中，需要用到的技术也会不断地增多。但是在某些公司或者团队之中，它们却不注重对技术的积累和分享，以至于在后期往往会因为各种外在环境的变化而失去一些技术。而这样的结果就需要员工再一次花费大量的时间和精力来进行技术的研发，这对于公司和团队的发展是极为不利的。因此，技术的积累和分享对于整个团队来说是极其关键的。

大家都知道，华为是一家有着深厚研发底蕴的公司。华为公司有着几万名研发人员，在华为的总人数占比中高达45%，因此华为是一个有着庞大研发团队的公司。最为关键的是，在华为，技术岗位的数量竟然和管理岗位的数量是持平的，并且还存在着大量技术岗位的需求。但是，技术岗位人员的专业能力相比于那些管理岗位人员来说，更加需要长期的积累。因此，导致技术岗位的空缺填补难度相对来说较大。

但是，在华为的研发部门中，管理者从来没有在这一方面放弃过投入。寻找、确定和持续追踪那些可能胜任这些岗位的人才，并对这些人才进行培养一直是华为不懈的追求。因为，华为始终坚信，技术的积累和分享格外重要，人才能够在适当的时间补充到关键岗位、满足业务需求，这对华为的研发起着重要的作用。

当然，华为的发展是离不开对技术的积累和重视的。随着技术的发展，华为已经不再是当初那个在技术方面缩手缩脚的小企业了。通过近二十几年的积累和发展，华为可以自豪地向世界宣布，他们的技术并不次于任何企业了。

因此，技术管理不仅是技术的积累和分享，更多的是企业对成本的节省。就好像华为企业不惜每年在技术人员的培养上花费大量的时间和精力，最终取得了不菲的成绩，创造了不菲的业绩。因此，对于技术的积累和分享，管理者应该做到以下几点：

1. 注重人才的培养和技术的分享

在研发部门中，技术人员是整个部门的关键和核心所在。往往在一个项目中，掌握那些关键技术的人是少数的几个人，而这些技术也就很可能因为这些技术人员的流失而流失，从而给企业的发展带来不小的损失。因此，在整个研发管理中，管理者不可将技术的研发工作单一地交代给一个人，而是需要注重技术的分享，真正让整个研发队伍都能够独当一面。当然，管理者还必须加强对技术人员的重视，给予他们充分的尊重，让他们的付出和回报成正比，这样才能最大限度地减少人才的流失。

2. 建立和推广制度

在技术的积累和分享中，管理者必须建立起相应的制度来保证技术的管理更加符合公司的发展。制度的建立和推广能够让企业的运行更加顺利，也能使得技术得以保存下来。当然，技术的分享是整个研发部门的成员之间应该相互做到的。

3. 加强员工的技术技能培训

技术管理的重点在于研发人员的技能管理，管理者应该在管理的过程中不断加强员工的技能培训，不断引进国内外先进的技术来让员工学习，提升员工的技能，从而让员工更好地进行研发和创新，开拓新市场、推进新产品的战略实施。当然，更重要的就是，加强员工的技术技能培训可以提高研发人员的整体水平，从而更好地进行技术的积累和分享。

技术管理在于积累、在于分享，只有这样，才能不断提高整个研发部门的从业水平，从而更好地为公司发展贡献一份力量。无论是对公司，还是对整个研发部门来说，技术的积累和分享都是管理的重中之重。只有这样，才能为公司降低投入成本，同时为公司创造出更高的利润。

第六节 高效研发的五个关键步骤

效率是工作能够又快又好地完成的一个重要保证,而在研发之中同样如此,高效研发能够更好地保证企业的产品可以先人一步抢占市场。高效的研发是产品得以更快上市的保证。越来越多的企业开始将高效研发作为企业发展的重点方向。所以,管理者在研发管理的过程中,务必要坚持高效研发,这样才能更好地为企业创造利润。

高效研发并不只是将产品完成就万事大吉了,而是要将产品做好,这就对产品的研发提出了更高的要求。高效研发即高效率地进行产品研发,这样才能够为企业的发展提供强有力的支持。毕竟对于市场上从未出现的新产品来说,谁抢占先机谁就会占据更加有利的市场竞争地位。因此,了解高效研发的五个关键步骤对企业来说变得尤为重要。

第一步:确定研发方向

在研发开展前,管理者都要针对本次研发进行一个总体的方向把握,确立此次研发能够有一个总体的大致方面,从而方便管理者在之后的研发管理过程中不至于偏离主题,因而耽误更多的时间。高效的研发必须是有效率、有质量的研发,这就要求管理者必须确定一个正确的研发方向,这样才能避免之后出现大的方向性错误。

因此，确定研发方向是高效研发的重要保证。

研发的方向就是整个研发项目的预期结果，需要管理者通过对整个市场进行分析，并确定目标用户的特征和核心需求之后再确立。并且在整个研发方向的确立中，管理者还需要对整体的任务进度有一个基本的把控，要了解整个研发所需的人力和技术的支持，从而尽量减少之后研发过程中意外情况的发生。

第二步：确立研发目标

确立一个好的研发目标，能够使研发人员更好地进行产品的研发和创新。当然，这个研发目标是基于公司的基本情况和市场行情来确立的，而不是随随便便由谁定一个目标就拿来执行的。并且，在研发目标确立之后切不可轻易更改，以免影响研发工作的开展，给企业带来损失。

对于研发来说，确立的研发目标必须是得到全员认可的，应是一个统一的目标和方向。并且企业要学会在研发的进程中，通过周会和例会来不断更改和调整现有状态，在不改变大的方向目标的前提下，让任务更好、更早地完成。

第三步：控制研发进度

在上文中我们提到过，高效研发不仅是需要将研发完成，更是需要将研发做好。因此，在产品研发过程中，管理者要学会控制研发进度，不能一味地为了赶进度而忽视研发产品的质量。只有在高效率完成研发任务的同时，确保研发产品的质量，才能促进企业的不断发展，为企业创造更高的利润。

当然，控制研发进度是需要管理者制订一系列详细计划的，比如说：制订整体的任务进度计划、定期开展研发进度会议，多方位进行沟通、并且要通过不断的数据统计来判断研发是否适合继续进行。只有这样，管理者才能在高效研发的同时更好地控制研发进度。

第四步：做好人员管理

在研发过程中，研发人员作为保证研发成功的核心人员，是管理者在进行管理时的重点关注对象。要想确保研发人员能够高效完成产品研发工作，就必须在充分激发他们潜能的同时注重对研发人员的管理。只有做好人员的管理，才能让他们更加心无旁骛地进行研发。

第五步：排除其他干扰

要想高效地研发，就必须让研发人员更加专心地进行研发工作，这也就需要管理者在研发管理中帮助研发人员排除其他干扰，让研发人员能够更加专注于产品的研发与创新工作，打造出更具市场销售潜力的产品。因此，专一地做研发、排除其他干扰能够让研发人员更加高效地工作，这是管理者应该加以重视的。

管理者要想研发的工作能够更加顺利、高效地进行，就必须做到以上几点。研发管理的过程中，在保证产品研发质量的前提下实现更多的创新，这样才能更好地促进企业的持续发展。

第七节 不因暂时的研发成败论英雄

一个产品必然要经历千万次的实验和失败之后才能成功上市。在产品研发过程中,失败不一定是坏事,有时候可以让研发者有新的发现。只有经历过千百次实验的考验后得以上市的产品,才能真正符合市场需求和满足消费者的心理需求。因此,管理者切记不能因暂时的研发成果的成败来论英雄。

产品要想得到满意的反馈,就必须不断地实验和测试。并且研发人员要摸准消费者的心理,这样才能研发出更加能够满足消费者需求的产品,从而更好地进行营销。暂时的成功不代表永远的成功,暂时的失败也不代表永远的失败,管理者要学会用长远的眼光来看待问题,从而让研发人员更好地进行产品研发。

周海是一家化妆品研发公司的经理。有一年,周海的公司招聘了一批新员工,其中有一位女员工能力很强。但是可能由于初次接触化妆品研发的工作,这名女员工严重缺乏经验,在进入公司的前两个月都没有完成指定的研发任务。更糟糕的是,在第三个月的时候,这个女员工还是没有完成任务。

周海一开始没有太在意,但是接连三个月这个女员工都没有完成指定的任务，周海感到很奇怪。于是，他把这个女员工叫到了办公司，对这个女员工说道："虽然你连续三个月都没有完成公司指定的研发任务，但是可以肯定的是，你每一个月都在比上一个月有所进步，你要继续努力。暂时的失败不代表什么，继续加油，我很看好你。"听了周海的话之后，在接下来的工作中，这个女员工更加努力，同时周海也不断地向她传授一些工作技巧。两年之后，该女员工不仅成了公司的研发冠军，还胜任了技术总监的职位。

　　周海没有因为女员工暂时的失败而否定她，而是在之后的工作中对她加以鼓励，使她取得了成功。因此，无论是在研发管理中，还是在其他管理中，管理者都不能因为暂时的失败而去否定一个员工，要学会让员工从失败中汲取教训，只有这样，员工才能取得更好的研发成果。

　　企业要想让研发出来的产品更加出彩，管理者与员工就必须能够直面失败，同时也能够在成功面前不骄不躁，这样才能研发出更好的产品。一旦研发陷入困境之后，管理者必须在第一时间冷静下来分析原因，而不是一味地指责员工。那么，在研发成败的面前，管理者如何更好地做到不因暂时的研发成败论英雄呢？

　　一方面，管理者要将目光放得长远一些，谋定而后动。在研发之中，经历失败是在所难免的。当研发失败之后，整个研发部门的氛围势必会受到影响，在这个时候就需要管理者有着顾全大局的眼光，不能让自己的决断能力受到眼前小事的影响，从而让研发变得愈加困难。

　　对于研发人员来说，产品研制的失败就等同于自己的心血被摧毁，管理者在这个时候就要给予研发人员一些鼓励和信心，让他们尽早走出失败的阴影，从而更快地投入到新一轮研发当中去，不断创新。

另一方面，管理者要有正确并坚定的信念。在激烈的市场竞争当中，坚持到最后的那个人必然就是胜利者。但是在这个过程中，会有无数的困难出现，这时就需要管理者坚定自己的研发信念，并将这种信念传达给研发人员，只有这样，才能让更多研发人员不畏失败、越挫越勇。另外，管理者一定要清醒，千万不要因为暂时的成功而迷失方向，也不能被面前的困难所击垮，只有坚持自己的信念，才能取得最终的成功。

作为优秀的企业管理者，不仅要让自己有统揽全局的能力，还要有坚定的信念，让自己不会因为暂时的得失而有所动摇。只有这样，管理者才能成为整个团队的核心，通过管理不断提升整个团队的战斗力，促使员工不断研发和创新，从而促进企业的发展。

第八节　华为启示录：新开发量高于30%不叫创新，叫浪费

华为总裁任正非曾经说过："新开发量高于30%不叫创新，叫浪费。"为什么会这么说呢？任正非提出：华为的研发人员在进行新产品研发的时候，应该尽量引用公司已经拥有的成熟技术，减少自己的发明创造，并且积极向社会合作和采购技术，着眼于继承以往产品的技术成果，更好地进行研发和创新。

其实，华为研发部门的这一研发原则，更多的是侧重于产品的稳定性。过多的创新不仅不会给公司带来大的进步，反而会增加产品的不稳定性。因此，在产品研发问题上，华为始终坚持"拿来"原则。这个"拿来"包括研发过程中的两个方面：一方面是公司内的"拿来"；一方面是公司外的"拿来"。

任正非曾经问过华为的传输业负责人："传输产品的技术都有多少是自己开发的呢？"负责人说道："除关键技术处理芯片和操作系统之外，都是自己开发的。"这个回答以及当时传输部门的做法一度被任正非斥责为一种"土农民"的做法。百分之百的自给自足就是百分之百的"土农民"，是一种自耕农行为，这种做法会严

重制约华为的发展和进步。

其实这种现象在当今的很多企业中都存在。但是，华为一直以来注重对外来技术的引进，而不是闭门造车。假如华为的传输部门遇到大量的编解码错误问题时，他们会向公司内部以及公司外的这方面专家进行咨询，从而不断完善自身的技术；而且还会向公司内部其他部门"求救"，这样就减少了各部门之间合作的阻力，加强了相互之间的沟通交流，减少了不必要的人力、物力资源的浪费。

华为始终坚持拿来主义，不会因为向其他部门或者非公司内部人员求助而感到丢人。因此，在华为的研发部门中，资源的共享已经不是一种自发的行为了，而是更高一层的自觉行为。

其实，华为这种继承式的创新方法的最终形成与早期的一次惨痛教训有关。华为早期对创新的概念没有较深的理解，因此，陷入了"纯粹技术创新"的陷阱之中，而忽视了产品和市场需求的匹配性与稳定性，造成了大量退货和维修要求。所以，华为后来就开始注重对已经成熟技术的继承，从而提高产品的稳定性并降低成本。

当然，华为得以迅猛地发展也离不开华为研发部门开放纳新的处事风格。在华为的研发部门中，他们不仅共享公司内部的大量资源，而且还共享公司外部的资源，这使得华为能够更好地在研发之中取其精华弃其糟粕，研发出令消费者更加满意的产品。

自2016年华为以迅猛之势进入世界500强前列以后，大家才知道，原来华为的研发实际上是以华为一年的销售额为基石的。联想控股的董事长柳传志曾经说过："很多人老拿我跟任正非比，其实我特别佩服任正非，他敢往上走，敢于把力量集中起来，去突破制高点。"

在华为，研发部分一直是公司投入资金最多的部分，但是华为却从来不强调过于创新，而是要求员工适度地创新，不醉心于对最好、最新技术的追求，而是要为客户提供性价比最高的产品。这就是华为的独特魅力所在。

在当今社会，研发已经成为公司寻求更好发展的关键。但是创新并不是说要企业完全摒弃已有的东西来进行重造，而是要在吸取已有的产品或技术精华的基础上，开发出更加符合当代消费观念的产品，从而推动企业更好地发展。这是华为始终坚持的研发方向，也是现如今企业应该做到的。

第七章

时间管理：让工作有序且高效

时间管理对于工作的进行来说是格外重要的，要想在有限的工作时间内更加有序且高效地完成工作，就必须要对时间进行管理。如果没有对时间的规划和管理，就没有高效的工作状态。所以，管理者必须善于管理时间，让自己和员工的工作效率变得更高，从而提升整个企业的运营效率。

第一节　做好时间管理的六件事

德国著名文学家、思想家约翰·沃尔夫冈·冯·歌德曾经说过："善于利用时间的人，永远找不到充裕的时间。时间是我的财产，我的田亩是时间。"时间对于人的重要性不言而喻。无论是在生活中还是在工作中，能够真正将时间利用好的人，都是干事效率高的人。尤其是在工作中，如果人们能够好好地利用时间，就能够让工作进行得有序而高效。

在工作中，很多管理者和员工经常会抱怨自己时间不够用。而要想更加高效有序地完成工作，就必须更好地利用时间，提高自己的工作效率。但是，很多人却对时间的管理和规划不屑一顾，认为自己想到什么做什么就行，认为就算自己将时间规划好了，晚点可能也会有意外情况打破自己的计划。但是，只有真正做好时间的管理和规划才能够让工作更加有序且高效地完成。

时间管理绝不是随随便便就可以做好的，只要管理者真正根据实际情况进行分析和规划，才能达成时间管理的最终目的。员工的一项工作计划进行多长时间，涉及这个计划的人数和资源配置等，这些都是需要管理者让员工了解的。只有这样，管理者和员工在工作进行时才不至于一头雾水。管理者必须要做好时间管理的六件事，让员工真正有序且高效地进行工作，这样才能真正实现个人的价值。

第一件：每接触一个任务，就立即处理

在职场中，效率是非常重要的。很多时候，工作都是被我们的"等一会儿再处理"给耽误过去的。如果我们每接触到一个任务的时候，能够立即进行处理，而不是用各种借口推脱，那么任务的完成率就会大大提高，我们也能更好地对时间进行有效的利用。因此，工作及时处理是提高工作效率的前提，也是时间管理之中我们应该做到的第一件事。

第二件：列出每天必须要完成的任务

要想让时间得以更加高效的利用，就需要我们列出每天必须要完成的任务，这样就可以目标更加明确地进行工作，从而更好地分配时间。因此，管理者在进行日常任务分配时可以列出每天必须完成的任务，将其分配下去，给予员工一定的压力，从而提高员工工作效率，最终完成任务。

第三件：分配每项工作的所需时间

在列出每天需要完成的工作任务之后，管理者可以将工作时间进行分配，分配出每项工作需要用多长时间来完成，并且时间分配好后要让员工不折不扣地去执行。因此，管理者要想更好地利用时间、提高效率，就必须分配出每项工作的完成时间。只有这样，员工才能有一个短期的目标，从而更方便任务的完成。

第四件：规定每项任务的完成时段

要想让时间更加合理地被利用起来，就必须规定出每项任务的完成时段。比如说上午完成哪几项工作、下午完成哪几项工作，每一项工作的完成时间都要进行详细的分配，这样员工就可以有一个更加明确的工作进度指示，从而每项工作都能有序进行。因此，管理者应该给出员工每项任务的完成时段，这更加方便对员工任务进度的监察，也能提高工作效率，做好时间管理。

第五件：依照工作的难易排定先后顺序

在工作中，可能会有非常棘手的任务需要完成，也可能有一些特别简单但是比较琐碎的工作需要完成。这就需要管理者来根据工作的难易程度进行一个合理的分配。合理地对工作进行安排，可以方便员工更加高效地进行工作。因此，依照工作的难易排定先后顺序能够更好地进行时间的管理。

第六件：丢掉不会再使用的废弃物

每一个员工在工作中，可能都会被那些无用的事情或者东西影响注意力，进而耽误了工作。要想更加高效有序地工作，人们就必须要学会丢掉那些与工作无关的废弃物，在工作时间内，心无旁骛地工作。时间管理就是需要管理者和员工将时间进行高效而有序的利用，从而更好地完成工作，最终促进企业的发展。

古人曾说过："一寸光阴一寸金。"在当今社会，时间管理更是成了企业得以更好发展的关键因素。对时间的合理利用与管理已经成为管理者和员工需要具备的技能之一。因为，只有保证工作高效且有序进行，才能更好地实现个人价值，为企业创造利润。因此，管理者在进行时间管理的时候，必须做到时间管理六件事，保证工作有序且高效地进行。

第二节　建立正确的优先顺序

一个成功而优秀的管理者必定是一个讲究次序的人，无论面对什么情况，他们都能够从容应对，而不是毫无章法地乱做一气。因为他们知道，那样是毫无意义的。当然，他们也有一个统一的认知，那就是遇事先挑重要的去做，这是他们进行时间管理时的不变法则，也是出色的管理者所必须具备的能力。

那么，可能就会有人问："什么样的事情是重要的呢？"其实，区分事情重要与否的关键在于它是否有助于我们工作目标的达成。在日常的工作中，很多人80%的时间都是用在那些雷打不动的计划上，只有20%时间用于机动地处理那些真正紧急而又重要的事情。在当今社会，只有在时间管理中建立正确的处理事情的优先顺序，才能更加有序且高效地完成工作。

很多人说，时间管理是华为成功的制胜法宝。其实，华为的负责人一向强调，员工在接受别人的委托之前，要学会根据自己的实际情况分析一下自己能不能按时如期地完成他人的委托，如果不能，则需要员工勇于说"不"。在华为，要切记不能因为个人的原因拖延整个任务的进度从而影响企业的利益和发展。

当然，为了更好地改善员工拖延工作的问题，华为提出了属于自己的时间管理法则——韵律法则。在这个法则之中，它包括两个方面的内容：一方面是需要华为的员工保持自己的工作"韵律"，不要被那些无意义的电话打扰，要学会礼貌地拒绝他人，多使用那些干扰性不强的沟通方式（如电子邮件等）与他人沟通；另一方面就是各个员工之间的"韵律"要保持协调，具体表现为员工不要在无紧急事件时贸然打扰他人，要了解他人的工作习惯之后再进行沟通。这个时间管理法则的实行让华为员工的时间利用问题得以解决。

有效的时间管理方法是华为得以迅速发展的一个重要原因，也提高了整个企业员工的素质。对于每一个管理者来说，在开始一天的工作之前，他们都要有一个大致的计划，要让自己有效地掌握和利用好每一天，而不是让时间来掌握你。在时间管理中，管理者要想建立正确的优先顺序，就必须遵循四象限工作法。

第一象限：既重要又紧急的事情需要立即、马上去做

在工作之中，我们经常会遇到一些紧急的事情，比如说：难缠的客户、紧急任务、年终测评等，这类事情确实是重中之重。因此，要想更加合理有效地利用时间，就必须在这些既重要又紧急的事情出现的第一时间就去解决它。只有这样，才能保证我们接下来的工作不被这些紧急事情彻底打乱。

第二象限：重要但不紧急的事情需要重点关注去做

其实严格来说，很多事情出现在第一象限的这一情况是由于管理者或员工对第二象限事情的拖延造成的。因此，管理者要对第二象限的事情加以重视,不要等它们变成了既重要又紧急的事情之后我们才不得不去做。

对于第二象限的事情,管理者应该让员工对其投入80%的工作精力去做,以此来最大限度地预防和降低"紧急事情"出现的数量。因为,一旦时间管理不到位,就很容易出现问题,从而影响工作质量,且会给员工带来过多压力。所以,管理者应该重点关注第二象限的事情,将每一件事做好,主动负责任地去做,提高员工的执行力。

第三象限:紧急但不重要的事情尽量少做

在职场工作中,我们不可避免地会因为自己那些突然出现的私人事情而影响到工作的进度,比如:亲友的电话、亲友之间的聚会、远方朋友的突然造访等,这都可能给我们一种"这件事既紧急又重要"的错觉。但是,实际上,这些事情根本就不紧急,也不是特别重要,完全允许我们在下班或者周六日的休息时间去做,而不需要我们把工作精力浪费在这里。因此,员工应该尽量少在此类事情上浪费时间,以便为自己争取更多的时间做更重要的事情。

第四象限:不紧急不重要的事情尽量不要做

在工作中,可能很多员工经常被那些上网聊天、观看各类无实际意义的电视节目、同事之间的闲聊等事情耽误工作。只有那些生活乏味无趣、空虚无聊的人才会经常关注这些事情。偶尔的娱乐并非不可,但是把大部分精力都用在此类事情上就是在浪费自己的时间,甚至是浪费自己的生命。

建立正确的优先顺序是保证工作更加有序、高质量、高效完成的前提条件,而四象限工作法则是管理者进行时间管理时可以依据的重要标准。在如今这个竞争激烈的时代，谁能够合理、高效地利用时间，做好时间管理，知道做事的优先顺序，谁才能有条不紊地进行工作，提升自身的竞争力，为企业的发展贡献一份力量。

第三节　改掉拖延的坏习惯

前文中我们曾经说过，员工的执行力对于工作的完成度有着很大的影响。"明日复明日，明日何其多。我生待明日，万事成蹉跎。"管理者要想更好地进行时间管理，就必须强化员工的时间观念和效率意识，给员工树立一种"立即行动，马上就办"的工作理念，帮助员工克服那些工作懒散、办事拖延的坏习惯。

实际工作之中，除了工作结果之外，员工的工作态度也是影响管理者进行年终测评的一个重要因素。管理者要着眼于"严"，增强员工的责任心，提高他们的执行力，从而让工作更加有序且高效地进行。因此，改掉员工拖延的坏习惯能够有助于工作更快地完成，管理者也可以更好地进行管理。

曾经有一个30岁的财务分析师请求一位心理学家解决自己最近这几个月工作拖延的坏习惯。心理学家在对这位财务分析师进行了大致的工作、生活上的了解之后，就问她："你喜欢吃蛋糕吗？"

她回答道："我当然喜欢。"

心理学家问道："那你是喜欢吃蛋糕上的奶油还是喜欢吃蛋

糕胚呢?"

她兴奋地说道:"啊!当然是奶油啊!"

心理学家继续问道:"那你通常是如何吃完整个蛋糕的呢?"

她不假思索地说:"那还用说吗,我通常是先吃完奶油,然后再吃蛋糕的。"

就这样,从吃蛋糕的习惯入手,心理学家对她的工作态度和习惯进行了一个分析。毫无疑问,她在平时的工作之中,通常在上班的第一个钟头就把容易的和自己喜欢的工作做完了,而在剩下的六个小时里面,就一直在处理那些不喜欢的和棘手的差事。

于是心理学家建议她:从现在开始,在上班的第一个小时,要先去解决那些麻烦的差事,在剩下的时间里,去做其他相对轻松的工作,这样就能在一定程度上改掉她的"拖延症"了。

其实,无论是在什么企业之中,有着拖延习惯的员工总是存在,他们会拖延整个工作的完成进度,这也是管理者必须加以重视的问题。有实验表明,一个习惯的养成,只需要21天。因此,在实际的工作之中,管理者可以从以下几点着手改掉员工拖延的坏习惯。

1. 明确员工的工作方向、步骤、要求

管理者在下达每一项任务的时候,都必须给予员工一个明确的工作方向、工作步骤和工作要求,并让员工对各项专业技能熟练掌握和了解,避免在执行工作的过程中出现工作内容的变形,那样就得不偿失了。要知道,一项工作的执行可能需要多个部门的共同

合作，还需要以大量的专业知识为依据，不能让员工仅凭自己的个人经验来操作，否则，执行的效果将参差不齐，管理也就失去了意义。

2. 进行员工工作的有效引导和评价

管理者要学会对员工的工作进行有效的引导和评价。毕竟员工在做不同的工作时有着不同的工作效率，管理者不能用一个标准去衡量他们的工作结果。所以，管理者要学会根据员工的实际工作进行有效的引导和评价，坚决改正员工不好的工作习惯。但是同时对于那些有着积极工作态度的员工，管理者也要不断表扬和鼓励，并为其提供合理的调配，更好地做到"物尽其用"。

3. 进行有效的内部资源共享

管理者在管理之中要学会将公司的内部资源进行有效整合，这样能够充分地调动员工的工作积极性，为员工提供一个更好的发展平台。很多时候，员工拖延的坏习惯的养成是由于公司内部各部门的合作缺乏统一的规范而导致的。只有将资源进行有效共享，方便员工在工作的过程中简化一些不必要的手续，这样才能更好地让员工将工作有序且高效率地完成。

4. 进行素质培训

除了外部因素导致员工拖延情况发生之外，员工自己本身的素质也是影响工作进度的一个重要因素。因此，管理者要学会在工作中不定时地开展员工的素质培训，让员工对公司产生强烈的归属感和责任感，这样他们才能更加积极地工作。

当然，从某种意义上来说，管理者的管理和激励将在很大程度上影响员工的工作态度。因此，要想更好地改掉员工拖延的坏习惯，就需要管理者以身作则，懂得高效利用时间，并且要有意识地对员工进行时间管理方面的训练和培养。只有这样，员工才能向管理者看齐，不断改变观念，更加有序且高效地完成工作。

第四节 超负荷工作不可能高效

2016年10月11日,一架中国东方航空股份有限公司的A320型飞机在上海虹桥机场执行航班起飞任务过程中,发现另一架A330飞机准备穿越跑道,而此前塔台并未给出提示,因此,造成了轰动一时的"虹桥客机险撞"的事件。在事件发生的第一时间,民航局就进行了调查,发现这是一件由于塔台管制员指挥失误造成的A类跑道侵入的不安全事件。一石激起千层浪,管制员这个曾经不太被人们关注的职位开始进入人们的视线中。而受到多名来自不同机场的管制员的反映,随着航空业的迅速发展,管制员人数并没有随着乘坐飞机人数的增多而增加。因此,管制员所面临的压力也越来越大,工作量也越来也大,超负荷工作已经成为常态。

可能很多管理者认为,只有拿出更多的时间来工作,才能有更好的业绩。其实这种想法是非常错误的。要想让企业得以更好地发展,是需要管理者能够合理而高效地安排工作时间的,这样才能让工作更加有序地进行。而超负荷的工作只会让员工精神疲惫、身体透支,从而可能使员工做出错误的决定,影响工作的质量。

任何企业或者团队在发展过程中,都会面临不同的困境。很多管理者就可能会因此陷入一个误区，认为企业要想更好地发展，超负荷地工作是有必要的。其实，要想让企业更好地发展，并不是说让员工进行超负荷工作，而是要让员工正确、高效率地工作，这样才能在一定的时间内获得最佳的效果。因此，管理者应该从以下几点学会如何避免自己与员工超负荷工作，学会合理利用时间，让工作更加有序而高效地进行。

1. 对工作事先有明确的计划

很多时候，管理者在前一天下班的时候就已经对第二天的工作有了一个大致的计划。因此，若管理者在前一天晚上就针对第二天需要做的工作列出一个清单，并进行一个大致的分配，这样能够大大减少第二天思考工作如何安排所用的时间，从而将更多的时间投入到工作中，进而提高工作效率，避免造成超负荷工作的情况发生。

当然，管理者在第二天的工作中，也要学会随时查看工作进度，这样不但可以避免拖延情况的发生，同时也能够更加快速而高效地完成任务。比如说：管理者可以利用开会前的十分钟查阅一下自己的电子邮件，可以回复一些邮件，从而避免时间的浪费。

2. 选择正确的策略性目标

选择正确的策略性目标就是说：当管理者或员工面临一堆的工作需要解决的时候，要学会选择那些重要的且对自身发展有帮助的事情来完成，而不是手忙脚乱地想要完成全部的任务。那样不仅会给自己带来巨大的工作量，还会影响工作的质量。

所以，在面对一连串任务的时候，要遵循上文中的"四象限法则"，冷静地思考，认清自己做这件工作想要达到什么样的结果，首先处理那些重要而又紧急的事情，将时间更加高效地利用起来，让工作更加有序而高效地进行。

3. 避免不重要事情的干扰

其实在很多时候，员工超负荷地工作是由于他们的时间被那些不重要的事情占用掉了，就像"四象限法则"中的第三、第四象限的事情。要想避免这个情况，就需要员工在做一件事情之前，考虑清楚这件事情是不是必须要马上去做，如果不是，就要果断放弃，进而投身到下一项工作当中。分清工作的主次问题是进行时间管理的一个重要法则，也是避免员工超负荷工作的一个关键因素。我们没有无限的时间去完成工作，分析工作的轻重缓急，把事情分出优先顺序，抓住重点，避免不重要事情对自己的干扰，这样能够大大避免超负荷工作的发生，能让员工更加有序而高效率地完成工作。

在如今这个竞争激烈的环境下，要想让企业得以更好地发展，并不是员工超负荷工作就可以实现的，这样做很可能适得其反。只有将时间得以高效利用，才能避免超负荷工作情况的发生，同时也能够保证员工保质保量地完成任务，实现个人价值，促进企业的发展和进步。

第五节　远离令人分心的事物

时间对于人们来说，是一笔宝贵的财富。而时间的有效管理和我们的工作质量有着非常密切的关系。可以说若我们没有对时间进行科学、合理地规划和管理，就不会高效、高质量地完成工作。而要想更好地对时间进行规划和管理，首要任务就是要远离那些令人分心的事物，让工作更加有序而高效地进行。

当然，有些员工总是被这些令人分心的事物所干扰，这也是很多职场员工所存在的毛病。很多人在工作中可能将自己的时间浪费在那些无关紧要的小事上面，无法提高工作效率，进而无法按时按量地完成工作任务。因此，在职场之中，管理者要让员工更加专注于自己的工作，不要被那些不相干的事情所干扰。

唐涛是一家上市公司的会计，工作一年的她，最近陷入了深深的苦恼之中。原来，最近由于临近年底，自己越来越忙，但是却总是有些无关紧要的事情分走自己的注意力，占用自己的时间，导致自己的工作量越来越大，工作时间越来越长，但是还是没办法高效且有质量地完成工作。工作上的巨大压力使得唐涛陷入了强烈的负面情绪之中，开始怀疑自己到底适不适合这份工作。

在这个时候，唐涛的直属上司发现唐涛最近工作的不对劲之处，开始注意唐涛的工作状态。他发现，在唐涛一天的工作当中，很多时候她都被那些无意义的事情分走了注意力、占用了时间。比如她的工位是在饮水机旁边，很多人在那边等热水的时候会不时地和她说一句话，这严重分散了她的注意力。再加上临近年底，她的手机不断响起，私人事情也不断增多，从而令她严重分心。

看到这种情况之后，上司先将唐涛的工位调离了饮水机，然后又将唐涛叫进来，说明自己这么做的原因，并建议她在上班期间将手机调为静音。这样可以最大限度地避免、远离那些令人分心的事情，毕竟会计的工作需要绝对的专心。唐涛听了之后，理解了上司的良苦用心。果然，在之后的工作中，唐涛能够将更多的精力集中到工作上，也提升了工作效率。

唐涛为什么一开始会陷入那么强烈的负面情绪之中呢？就是因为她被那些无关紧要的事情夺走了注意力，从而耽误了自己的工作。在职场工作之中，要想更好地有序而高效地完成工作任务，就必须远离那些令人分心的事情，让自己更加专心地去工作。因此，如何让员工远离那些与工作无关紧要的事情成了管理者进行时间管理的一大问题。具体来讲，管理者应当从以下几个方面入手：

1. 要求员工避免私人事情的干扰

管理者可以要求员工在工作时将手机调为静音，避免那些私人事情的干扰。在智能化时代的今天，手机已经成了人们生活中必不可少的一个东西，但手机同时也大大影响了我们的工作。因此，在平时工作的时候，管理者可以要求下属将手机调为静音，避免那些无关紧要的私人事情对下属的干扰，同时管理者还要以身作则，不能在员工都遵循这项规定的情况下，管理者却经常玩手机。

2. 要鼓励员工敢于拒绝，勇于说"不"

大家都知道，在工作中除了那些私人事情以外，还有很多工作方面的事情可能会转移员工的注意力。面对这种情况，管理者要鼓励员工敢于拒绝别人，勇于说"不"。比如说：别人在自己很忙的时候让自己帮助复印一下文件，这时候，自己就要敢于拒绝别人的要求。因为，对于不在自己职责范围之内的工作，在自己力所能及的情况下施以援手是帮助，但是在自己也很忙的时候答应别人的要求，那样不仅是对自己工作的不负责，而且可能给对方帮倒忙，这是对双方都极不负责的做法。因此，作为员工，要敢于拒绝，勇于说"不"。

3. 培养员工定期整理办公桌的习惯

很多人对于定期整理办公桌这件事可能不屑一顾，但是殊不知，很多人每天将大量的时间浪费在了找材料、找笔、找本子等这些小事上面，更有甚者在办公桌上放置了一些与工作无关的书籍、杂志、画册等东西，它们严重干扰了员工。因此，管理者要培养员工定期整理办公桌的习惯，这样可以有效地提高员工工作效率，让员工远离那些令人分心的事情。

对于办公桌的整理，员工可以将那些办公室用品、档案、文件、书信等进行编号，并归档在一个固定的位置，然后将手头那些目前急需处理的文件、目前要用到的工作资料和需要的工具等放在最显眼的位置上。当然，彻底地进行工作空间的整理可能会耽误员工的一部分工作时间，却对员工提高工作效率具有极大的帮助。

第六节　不要浪费别人的时间

有人曾经说过："浪费别人的时间等于是谋财害命，浪费自己的时间等于是慢性自杀。"在职场中，时间对于每一个员工来说都是极为可贵的。但是很多人都意识不到这一点。在工作中，有些人不仅浪费自己的时间，还经常求助于别人，浪费别人的时间。

可能很多人在工作的过程中，或多或少都有同事向自己请求帮助，这个时候，自己就会陷入两难的境地。帮助，会占用自己的工作时间；但是不帮助，又不好意思拒绝。因此，在职场中，管理者要尽量让员工明白自己的事情要自己解决，必要的时候再进行团队合作。可以适当地请求别人的帮助，但是在自己没有进行思考的基础上，一味地依赖别人那就是在浪费别人和自己的时间。

关欣是一家报社的实习记者，在工作的过程中，由于经验比较缺乏，她经常需要请求别人的帮助。在刚开始的时候，大家都对她的请求比较理解，认为她毕竟是单位的新人，有很多不明白的地方也很正常。但是，关欣已经形成了一种习惯，认为在遇到问题的时候不经过自己思考就直接寻求大家的帮助是理所当然的事情，这样久而久之造成的结果就是：关欣并没有在别人的帮助中真正成长起来，以至于在后期的工作中，别人经常需要牺牲自己的时间来帮助她进行采访、撰稿，这严重耽误了别人的工作时间，影响了别人的工作进度。

但是，关欣并没有意识到自己的错误，依旧在不断地寻求别人的帮助。慢慢地，大家开始有意无意地疏远她，而且在她遇到困难的时候，也很少有人愿意牺牲自己的时间来帮助她了。最终关欣因为工作经常无法按时完成而被辞退了。

可以说，关欣最终被辞退的主要原因是她的个人时间意识不强，把别人的帮助视为理所当然，而且也没有在别人的帮助下快速成长起来，以至于大家不愿意再牺牲自己的时间来帮助她。在职场，千万不可把别人的帮助当作理所当然，不要浪费别人的时间，也不要一味地依赖别人。因为，每个人的时间都是宝贵的，只有自己真正合理地分配时间，才能更好地完成工作。

许多人在工作中，由于自身能力的不足，可能在一开始会需要一些老员工的帮助，但是却由此养成了依赖别人的习惯，经常不能合理地分配自己的时间，而是经常需要请教别人，这样做不仅耽误别人的工作时间，还导致自己的工作无法有序而高效地完成。那么，管理者应如何进行时间管理，才能帮助员工合理有效地安排时间呢？

1. 提高员工合理规划时间的能力

每一个员工对自己的工作都应该有一个整体的把握和合理的时间安排。但很多人对工作都缺乏有效的规划和安排，经常是碰到什么工作就做什么工作，导致手忙脚乱的情况发生，而且还不时需要请求别人的帮助，因此而浪费别人的工作时间。为了更好地进行时间的管理，管理者需要要求员工在工作之前对自己的工作内容有整体的把握，明确哪部分工作容易解决、哪部分工作不容易解决；是否需要寻求别人的帮助，在哪个时间别人是不忙的，工作的每一部分都需要多长时间才能完成。只有这样，员工才能保质保量地完成任务。

2. 培养员工独立观察、独立思考、举一反三的能力

管理者要学会培养员工善于观察、独立思考的能力，并让员工学会"延后处理"。在很多时候，有一些需要别人帮助的工作并不重要，在这个时候就需要你观察一下别人的工作状态。在对方非常繁忙的时候不要提出自己的要求，等到对方忙完的时候或者是不太忙的时候再提出自己的请求。当然，可能有时候也的确有些紧急的工作需要别人帮助，这个时候，管理者要要求员工以最短的时间来解决问题，必要的时候可以借助手机录音，在听完别人的讲解之后自己回去慢慢消化，而不是一味地向别人询问，浪费别人的时间。

3. 以老带新

管理者要想让新员工能够快速地适应新的工作环境，就必须要让老员工来带新员工，以便帮助新员工尽快接受新的工作，快速适应新的环境，从而更加高效地工作。老员工已经有一定的工作经验，可以帮助新员工来适应新工作流程，从而减少不必要的时间浪费。这种以老带新的模式可以让新员工尽快独自胜任和完成工作任务，不再浪费别人的时间。

其实，不要浪费别人的时间并不是说不能寻求别人的帮助，而是要员工自己在真正深思熟虑后依然没有想到解决问题的办法的时候再去寻求别人的帮助,而不是一有问题就想要别人帮自己解决,这样不仅是对别人时间的浪费,也是对自己工作的不负责。因此,在时间管理中,管理者务必要员工尽快适应新的工作,且谨记不要浪费别人时间的原则,这样他人与自己才都能高效地完成工作任务。

第七节　促进工作和生活的平衡

对于现代企业来说,员工在工作和生活上的平衡已经成为企业持续发展过程中关注的重点之一。要想促进两者之间的平衡,管理者必须要学会建立相应的时间管理机制,并且要真正将措施落实到员工的生活与工作中。因此,要想更好地促进员工工作和生活的平衡,就需要管理者重点把握以下四个要点:

第一点:观念先行:倡导工作和生活相平衡

早年间,很多企业都推崇"工时愈长,效果越好"的观念,但是随着社会的不断发展,显然,对于如今的企业来说,这种观念已经不再与当前的管理需求相匹配了。当今企业在发展的过程中,不仅需要管理者注重员工的工作态度和效率,更要对员工身体、心灵和家庭问题给予高度的重视,只有这样,才能促进企业的持续发展。当然,一个优秀而成功的管理者,绝不是一个向员工过度索取的人,而是能够尽可能地通过合理的时间管理来确保员工工作和生活之间的平衡。

美国著名的电子产品公司摩托罗拉有一个企业内部宣传语,那就是:人生的目标应该包括三个部分——家庭目标、生活目标和财务目标，要在三者之间寻求平衡，不要一味地把财务目标定得很高，家庭与生活同样重要。在摩托罗拉企业内部，管理者极为重视员工工作和生活上的平衡，要求员工合理而有效地进行工作和生活上的时间分配，从而让员工保持工作和生活的平衡。

第二点：制度灵活：弹性工作制的实行

灵活的时间管理制度能够帮助员工把工作和生活平衡得更好。越来越多的企业开始实行灵活的弹性工作制，让员工拥有平衡工作与生活的自主权。弹性工作制度的实行能够给予员工充分的工作自主权和企业信赖感，这充分体现了管理者对于员工的尊重和爱护，能够极大地调动员工的工作积极性。

在IMB（国际商业机器公司）公司，为了满足员工的个人需求，管理者设立了三种不同的上下班时间，员工可以根据自己的工作地点以及生活需要，自由选择八点、八点半和九点这三个上班到岗时间，相应的下午下班时间就是五点、五点半和六点，这样可以更好地方便员工的个人生活的时间安排。而且在征得上司同意的前提下，员工可根据自己的个人需求选择在家里办公，从而更加自由地调配自己的工作和个人时间。因此，IMB公司的很多员工可以提前回家接孩子、料理家务、照顾老人，只要员工保证将工作完成即可，否则就按照请假或者旷工来处理。

第三点：后续保障："员工支持计划"的实施

在如今，企业要想得到更长远的发展，管理者就应该制订出各种各样的"员工支持计划"。企业通过对员工工作、身体、心灵或者是家庭生活的照顾,给予员工高度的重视和支持。企业可以专门抽出一部分资金,为这些方案的实施给予资金保障,从而更好地帮助员工解决后顾之忧,让他们能够以更加专一的态度来进行工作。

位于美国纽约的花旗集团制订的"员工援助计划"是业界有名的。花旗集团成立了多种"儿童看护计划",用来帮助那些已经结婚有孩子的员工从照顾孩子的劳累中解脱出来,从而有更多的时间和精力来进行工作。花旗集团不仅设置了有关儿童医疗、智力、社会和情绪问题的课程,而且还设立了专门的儿童看护中心。花旗集团的这些做法给予了员工强大的后续保障,帮助员工在工作和家庭之间实现平衡。

第四点:健康保障:关注员工的身体健康

身体健康是员工更好地进行工作的前提,也是企业发展的关键。在企业的发展之中,只有员工的身体健健康康,企业才能更好地运行。从前,定期的体检、给员工报销医药费等是企业对于员工健康进行关注的重要方法。但是在当今社会,用定期体检来确保员工的健康是远远不够的,企业应该主动用更好的方法对员工进行健康投资。比如说:利用周六日的时间组织员工爬山或者举办小型的运动会等。

以上就是在时间管理中,管理者应该了解的帮助员工进行工作和生活之间平衡的方法。对于企业来说,要想让企业得以更好地发展，让员工全身心地投入到工作之中，管理者就必须解决员工的切实困扰，真正帮助员工解决工作和生活中平衡的困难，积极响应"平衡工作和生活"计划的一系列活动，促进企业的不断发展。

第八节　华为启示录：华为时间管理四原则

在华为，关于时间管理的四大原则已经成为所有华为员工必须不折不扣地去遵守的一项制度。时间的有效管理能够让工作更加有序地进行，能够帮助管理者更好地进行企业的管理。因此，华为时间管理的四大原则成了企业得以更好发展的关键推动因素，也是华为企业管理的一个重要方向。

第一原则：以SMART为导向的华为目标原则

在华为的企业管理过程中，以SMART为导向的目标原则是指让目标达到SMART的标准。而SMART的含义就是指具体的（Specific）、可衡量的（Measurable）、可达到的（Attainable）、相关的（Relevant）、基于时间的（Time-based），下面我们来了解一下它们的具体含义。

（1）具体的（Specific）：在目标原则当中，目标必须是具体而清晰的，并且是能够给予员工一定的导向作用的。其实简单来说，就是将目标明确化和缩小化，比如："我要成为华为的一个优秀管理者"就不是具体化的目标，可以改为"我要成为今年华为的优秀管理者"，这样目标就更为清晰、明确了，可以有着更好的导向和激励作用。

（2）可衡量的（Measurable）：这个词语就是指目标必须用指标量化来表达，要更加具体地表达出覆盖和考核的内容属于哪一方面。比如说考核今年的华为优秀管理者有许多具体的指标——团队完成业绩的达成率、出勤和团队成员的个人成绩等。

（3）可达到的（Attainable）：这里的"可达到的"其实有两层不同的意思。一层是目标必须是要在员工的能力范围内；另一层，目标应该具有一定的难度。太困难的目标容易让员工产生畏难情绪；太简单的目标容易让员工达到，但却达不到最佳结果，因此，在制定目标的过程中一定要考虑适量原则。

（4）相关的（Relevant）：这个词是指目标要是能够在实际的工作中达成的，而不是那些设置过高的，根本无法达成的目标。

（5）基于时间的（Time-based）：这就是说在目标原则的设置中，必须要明确完成的时间，最好不仅确定出最终目标的完成时间，还要确立完成过程中各个阶段所用的时间，以便更好地对工作进度进行监督。

第二原则：关注第二象限的华为四象限原则

上文中，我们讲到过"四象限原则"的具体内容。在华为的管理中，这个原则同样也受到了管理者的重视，尤其是第二象限——重要但不紧急的事情要给予重点关注。其实，在"四象限原则"之中，第三、第四象限的事情要懂得舍弃已经成为心照不宣的时间管理方式，但是在对第一、第二象限选择的过程中，人们往往就无法做出明确的选择了。

其实，在时间管理中，对于关注第一象限的员工来说，他们很多都处于长期高节奏、高压力的工作状态之下，这会给予员工较大的负担。但是在华为的发展之中就反其道而行,华为管理者鼓励员工采取第二象限的工作方法。这样不仅可以给员工留有充足的时间来处理其他事情,更能减少第一象限事情的发生。毕竟,第一、第二象限是共通的。

第三原则:赶跑时间第一大盗的华为韵律法则

在华为的时间管理之中,这个原则较好理解。在每一个员工工作的过程中,可能都会被那些无关紧要的事情干扰,进而影响自己的工作进程。因此,华为就提出了自己的时间管理法则——韵律法则。在这个法则中,华为要求企业员工要做到保持自己的韵律和与别人的韵律相协调。员工要学会拒绝无意义的电话,多用电子邮件等干扰性不强的沟通方式进行沟通等,并且员工要在相互的合作中了解对方的工作习惯,不要唐突地进行拜访和求助,以免打扰别人的工作。

第四原则:执着于流程优化的华为精简原则

"崔西定律"是指:"任何工作的困难度与其执行步骤的数目平方成正比。例如完成一件工作有3个执行步骤,则此工作的困难度是9;而完成另一工作有5个执行步骤,则此工作的困难度是25。所以必须要简化工作流程。"

在华为的时间管理中,大多数的员工始终坚持"崔西定律",这不仅是华为公司的要求,也是员工的个人要求。要知道,无论是对于个人的工作流程来讲,还是对于整个团队的工作流程来说,在完成任务的过程中,不必要的流程应该能省则省。因为,每去掉一个多余的环节,就能减少一项工作延误的可能,也能为工作节省出更多的时间,从而提高工作效率。

  以上就是华为时间管理的四大原则,也是华为得以迅猛发展的一个原因。毕竟,有效的时间管理能够帮助员工更加有序而高效地进行工作。华为的四原则是在华为不断地碰壁和发展中慢慢摸索出来的最适合华为发展的有效时间管理方式。对于其他企业来说,也是一个非常值得借鉴的时间管理方式,但是最为关键的还是需要企业找出适合自己且有本企业特色的方式,从而制订出更加精确化的时间管理模式。

第八章

文化管理：管理思维与行动

文化是企业发展的核心力量，也是企业为员工营造归属感的关键。企业要想更好地实现文化建设就必须从企业的文化管理入手，从思想与行动两方面进行文化的管理。当然，企业的文化一定要有着积极、正向的推动力量。

第一节　企业文化的力量

企业文化，是指一个企业在长期生产经营过程中，用以把企业内部全体员工结合在一起的思想理念、价值观念、管理制度、行为准则和道德规范的总和。对于企业的发展来说，优秀的企业文化是一股非常重要的无形资产，能够在很多时候对企业的发展起到积极的推动作用。因此，企业文化是有着强大的力量的，能够成为一个企业的精神支柱。

文化对于企业来说是所有员工的价值观的体现，也是整个企业的生产活动、思维活动的本质特征的体现。企业文化的力量不可小觑，要知道，凡是成功的企业，必定是有着自己独特的企业文化的。在企业发展的过程中，文化究竟有什么样的力量能够推动企业的进步和发展，并成为企业的精神支柱呢？

1. 企业文化有着强大的原动力

在文化管理中，企业文化是企业的主导，也是企业生存发展的原动力。优秀的文化是企业得以更好地发展的精神力量。只有拥有优秀的企业文化，才能让企业有着更强的创造力和活力，从而为企业注入新鲜的血液，让企业重新活起来。因此，对于企业来说，企业文化有着强大的原动力，也是让企业得以迅速发展的一个主要精神支柱。

2. 企业文化有着较强的凝聚力

企业文化是由企业的全体员工共同创造的，也是所有人的价值观的基本体现，这就使得企业文化拥有了前所未有的凝聚力。企业文化不是短时间内形成的，也不是一出现就能够被大家普遍认可的。要想让文化得到所有人的认可，就必须让员工从原来的被迫者变为参与者、合伙人，从思想上改变员工的角色定位，让企业文化成为所有人认同的一种价值观。毕竟，优秀的企业文化往往具备一种磁场作用，能够像吸铁石一样吸引住员工和消费者的目光，形成一种向心力。

3. 企业文化有着强烈的维护力

企业文化有一个基本的功能，就是对于制度和组织的强烈维护力。企业文化是基于企业制度所形成的，对于员工有着强烈的影响力，保证了他们对制度从内心上的顺从。当然，企业文化是在企业的发展中形成的，既能够有效地对企业制度进行补充，又消除了员工对于制度的抗拒性，是企业进行管理的有效辅助工具。因此，企业文化对于企业有着强烈的维护力，能够将员工的愿景和企业的发展紧密结合起来，让员工与企业同呼吸、共命运，为企业的发展尽心尽力。

4. 企业文化有着精确的导向作用

优秀的企业文化具备精确的导向作用，能引导员工的行为，使员工的工作动机与企业的发展方向一致，从而为企业与员工树立起一面鲜明的旗帜，并且为企业与员工的发展起到风向标的作用。

企业文化的力量是不可小觑的。但是企业文化一定要根据企业自身的特殊情况来建设，千万不能照搬那些成功企业的企业文化。毕竟，每一个企业的战略目标和发展方向是有所不同的，只有符合企业自身特色、员工愿景和价值的企业文化，才能得到全体员工的认可，从而在企业的发展过程中发挥着有效的促进作用，成为企业成长和持续发展的动力。

第二节　谁在影响企业文化

在21世纪的今天，企业文化作为企业核心竞争力的重要组成部分，是文化管理中的关键内容。企业文化作为能够增强员工的凝聚力和战斗力的一种无形力量，在企业的运营中占据着重要的地位。因此，在文化管理中，管理者还需要将企业文化落到实处，让每一个员工都能够真正认识、认可这种企业文化，这样才能以积极的导向性促进企业的不断发展。所以企业文化对企业发展的影响自然不言而喻。究竟是什么因素在影响着企业文化？这就需要管理者了解影响企业文化的五个因素。

1. 人为因素：企业的领导者

无论是在哪个时代，企业的领导者都是企业全体员工追随的对象，并且能够对企业员工的工作起到积极的引导作用，也是企业文化形成的一个重要因素。一个企业的领导者应该是企业文化的倡导者，但是同时更是企业精神的培育者和传播者，并且应该成为全体员工学习的榜样。因此，企业领导者的行为和态度将直接影响到企业文化的构建和落实。

在2016年4月份，华为总裁任正非独自在机场排队等出租车的新闻引起了大家对这个华为创始者的再一次热议。任正非这种低调的做法不得不让人们想到华为的企业文化。华为的企业文化被大家称之为狼性文化，是由于其文化中浸透着一股"狼性"，这和华为总裁任正非的个人经历有着很大的关系。任正非大学毕业后当兵的经历让其身上带有浓厚的军事色彩并且拥有强烈的斗争性，这种精神也深深影响了华为的发展。任正非曾经说过："企业的发展要犹如一匹狼一样，狼有三大特性：一是敏锐的嗅觉，二是不屈不挠、奋不顾身的进攻精神，三是群体奋斗的意识。企业要扩张，必须要具备狼的这三个特性。"任正非的这种精神和态度深深地影响了华为企业文化的建设。

2. 环境因素：企业的内外部环境

环境对于企业文化的形成有着至关重要的作用。企业环境是培养企业文化的温床，没有合适的企业环境就无法形成代表着企业正确价值观的企业文化，企业文化也就难以得到全面的体现。当然，影响企业文化的不仅包括企业的内部环境，还包括企业所处的整个行业环境，这些都在一定程度上对企业文化有着较大的影响。

相比之下，对于企业文化的形成来说，内部环境是更为重要的。只有将企业内部环境打造好，才能提升企业的影响力。而企业的内部环境主要就是指员工的修养和行为规范，比如说：职业着装、文本规范和语言规范等。只有企业的任何事情都有着明确的规范和参考标准，才能塑造出良好的企业内部环境，从而不断由内向外地影响企业的外部环境，最终形成企业独特的文化。

3. 制度因素：企业的制度

制度作为企业的规范性准则，在矫正员工的思维和工作行为上有着决定性的作用，制度可以为企业文化的构建和落实保驾护航。在企业文化逐渐建立并成熟的过程中，可能会给员工带来一些冲击，从而引起员工的抵触心理，而制度的存在能更好地缓解成员与企业在文化落实过程中产生的矛盾。如果没有了制度，企业文化也就失去了落地的条件，就会成为一纸空谈。

4. 活动因素：企业的活动

在企业发展的过程中，不可避免地需要开展各项活动，而这些活动正是影响企业文化形成的一个重要因素。这些活动的开展，能够弘扬企业文化，把企业文化的精髓通过具体的行为方式体现出来，只有这样，员工才能在这个过程中不断加深对企业文化的理解，从而进一步强化和巩固企业文化在员工心中的位置。

5. 传播因素：企业文化的网络传播

在互联网飞速发展的今天，信息传播的力量是不可忽视的。尤其是对于现代企业来说，信息的传播能够在不知不觉间改变员工的思想和态度。所以，管理者应该在对企业文化的管理过程中，建立起文化网络的传播渠道，要不断将企业文化传递到员工身边，让每一个员工都能接触到企业文化的思想体系、价值体系和行为体系等。因此，在企业文化的构建中，必然要有一个企业的文化传播网络去最大限度地让员工接受企业文化的落实。

企业文化是全体工作人员价值观的体现，也是企业发展中需要关注的一个重要方面。企业要想长期地发展，必定要形成一股独特且优秀的企业文化来引导企业走向一个正确的方向。一个优秀的企业必然有着能够促进企业发展的企业文化。因此，现代企业要想更好地发展，就必须要构建其企业文化，并且要企业内部全员不折不扣地去落实企业文化理念，从而让企业更加具有竞争力。

第三节 企业文化建设的七大技巧

企业文化作为企业发展的一个重要部分,其文化的建设也有着技巧可以借鉴和学习。企业文化的设立是需要在企业发展的过程中慢慢摸索的。这就需要管理者明白,对于企业文化的建设,千万不可照搬那些成功企业的,要结合自身的特色。因此,在进行企业文化建设的过程中,要想构建优良的企业文化,管理者必须要参考以下七大技巧。

1. 以"人"为本

企业文化是为了更好地凝聚员工、引导员工、激发员工潜力,让员工产生对企业的向心力,从而更好地促进企业的发展和进步。以"人"为本的理念更好地体现了员工在企业文化中占据着主体地位。因此,在企业文化的建设中,一定要做到以"人"为本,也就是一切从"员工"出发,从而不断促使员工形成良好的工作习惯,最终形成优秀的企业文化。

2. 提炼出企业经营理念

企业文化要符合企业自身的发展理念和所在行业的特点。每一个企业都有着各自的经营理念,都是一个独立的个体,自然,它的企业文化也都是各不相同的。因此,这就需要管理者在提炼企业经营理念的过程中，找出适合本企业的企业文化，从而在适合的企业文化的帮助下有效地激励员工的集体荣誉感、责任心和进取心等，使其能够将企业的运营发展和个人价值有机结合起来，不断促进企业的发展和进步。

3. 注重文化和管理的融合

企业文化作为企业的灵魂，是企业全体成员共同价值观的体现。要想让企业文化真正成为企业精神支柱，企业文化就必须要落实到管理实践中去，将文化和管理相融合，这样才能真正让文化推动企业的发展。因此，在企业文化的构建之中，要配合相应的管理，将两者融合起来，这样才能最大限度地消除员工的抵触心理，让企业文化真正成为企业的精神理念。

4. 维护制度

企业文化作为附加在员工工作之外的一个事物，要想让员工将文化更加坚决地落实，就需要在文化建立之初就制定相应的制度来进行维护。仅仅停留于表面宣传的企业文化，对于企业的发展来说是毫无意义的。只有真正从深处进行企业文化的管理，才能让企业文化更好地落实，才能让制度为企业文化保驾护航。

5. 增强全员的合力

企业全员思想统一才能建立起企业文化，只有树立共同的价值观才能在企业文化设立的过程中形成统一的思想，从而凝聚力量。只有真正将全体员工聚集在一起，才能产生一股强大的力量，从而更好地建立起企业正确的价值观。因此，只有凝聚企业全体员工的意识和思想，形成员工合力，才能让企业文化起到积极、正能量的导向作用，从而不断促进企业的发展。

6. 管理者以身作则

在企业文化的落实过程中，管理者要让它更快地被大家接受，就要学会从自身做起，让自己成为员工学习的榜样。在落实企业文化之初，很多员工必然是持着一种观望的态度，而管理者对企业文化的高度执行力对员工来说就会是一种激励，也是警示，让员工了解企业文化的实施不可忽视。因此，管理者可以从点滴的小事做起，从自身做起，让自己成为员工学习的榜样，从而激励更多的人参与其中。

7. 加强彼此之间的沟通

沟通作为拉近彼此之间距离的最为快速的方法之一，在企业文化建设的过程中起着重要的纽带作用。优秀的企业文化必然是受到全体员工的共同认可的。要想达到这个标准，人们就必须要学会增强彼此之间的沟通，建立起管理者和员工的沟通纽带，从而让企业文化的建立能够得到更多人的认可。因此，在企业文化设计的过程中，管理者要加强与员工之间的沟通，让双方意见达成一致，确定企业文化统一的、核心的思想。

企业文化在一定程度上能够代表企业的形象，成为企业的"形象代言人"。企业文化能够宣扬企业的精神，加强员工的凝聚力，使得企业的全体员工形成一种向心力，这样企业才能够在未来更好地面对激烈的市场竞争。因此，管理者在企业文化的建立与管理中必须要注重技巧的使用，只有这样才能建设起优良的企业文化，为企业的发展创造更强的优势。

第四节　文化是一种心理契约

文化作为企业的灵魂，不仅是企业的一种精神，更是全体员工之间的一种心灵契约。在企业文化建设的过程中，企业文化更多的是一种精神力量，是一种心灵慰藉。在企业发展的过程中，文化的作用是不可小觑的，而且文化管理是管理的最高境界，是一种企业与员工心灵上的契约。

企业文化的建设必须要依据企业的成绩，立足于全面发展之中，注重企业精神力量的培育，这样能够更好地抓住企业的特点。在企业文化的构建之中，只有文化能够在制度发挥不了作用的地方给予员工一定的标准化参考，让企业的发展更上一层楼。

"真诚到永远"是海尔始终坚持的企业文化理念。在海尔发展的过程中，真诚指的不仅是企业内部管理者、员工之间要真诚，更是指企业对于消费者的真诚。了解海尔的人大概都知道，海尔首席执行官张瑞敏"怒砸冰箱，责任自己担"的事情一直被大家所津津乐道，这就是海尔的核心企业文化：绝不将劣质的产品提供给客户，用真诚来对待本企业的员工、来服务客户。这也造就了如今走向国际化的海尔集团，让海尔成了闻名世界的大企业。

当然,海尔"创新"的核心文化是全体海尔人认可的,这是海尔在发展过程中逐渐形成的特色文化体系。在海尔的企业文化中,创新是所有海尔人所坚持的追求。创新是市场的需求、创新是体系的需要、创新更是整个研发部门的需要。海尔在创新观念的指导下,企业的发展由小到大、由大到强,最终"创新"成了海尔的一种精神力量,无形之中塑造了海尔独特的文化氛围。

海尔的创新对员工来说不是一种制度上的约束,而是一种精神上的力量。就好像海尔总裁坚决不让劣质产品流入市场而怒砸冰箱一样,这就是海尔的企业文化在实际中得以落实,并得到了全体员工的认可,从而让海尔在消费者心中树立起优秀的企业形象。

文化作为一种心灵契约形式而存在,在很多时候并不会像制度一样规定出员工的权利和义务,而是更多地采取激励的方式,增强员工的感染力和鼓动力,振奋大家的精神,从而让大家更好地进行企业文化的建设。但是,这种心灵上的契约必须在实际工作中得以落实。因此,在文化的建设中,管理者如何进行思想上的建设并且落实到行动中去成为建立起企业与员工之间心灵上的契约的关键。

一方面,要坚持"以管理者为重点"。榜样的力量是无穷的,管理者在企业文化的建设中能够给予员工一定的导向作用。因为,在企业文化的建立过程中,管理者对企业文化的重视程度的高低与执行力的大小是企业文化能否构建并成功落实的关键。管理者对企业文化建设的重视能够给予员工有效的激励,从而有助于形成个性鲜明的企业文化。就好像海尔集团始终"以真诚服务大家",以身作则,在出现不合格产品时将责任担下,这不仅是在践行企业的文化，更是给予了员工一种警示：要做到"真诚到永远"。

　　另一方面，要注重"心灵契约"的固化。其实，任何企业文化要想让员工认可和记住，都应该在建立的初期制定相应规章制度，通过制度的约束来实现意识形态下从文化到实际工作的转变。企业文化最为关键的部分就是要将企业的文化理念植入员工的心里，让员工在不受任何约束的前提下还能够做到自觉遵守，从而促进企业和员工的共同发展。

　　在企业文化的构建之中，将文化进行"固化"不是最终目的，只有将文化融入员工的生活中去，让文化落实到实践中去，才能不断建立起企业与员工之间心灵上的契约，达到通过企业文化促进企业不断发展的目的。

第五节 企业文化落地要关注细节

企业文化建立成功之后最为重要的一方面就是需要关注落实的细节。企业文化的成功构建并不是最终目的，真正让企业文化落实才是最为关键的，但是在现如今很多企业中，企业文化并没有通过实践落实到生活工作中来，这自然也就对企业的发展没有任何意义。管理者在考虑如何构建企业文化的同时，也要重点关注企业文化落地的细节，要从根本上保证企业文化在企业发展中能够得到全面落实。

真正优秀的企业文化是要企业根据自身的经营特点来进行建设的，并且要考虑到落实下去的一系列细节问题。因此，在企业的文化管理中，管理者要在构建企业文化时考虑到以下几点有关落地的细节问题，让企业文化发挥出其应有的作用。

1. 找到载体和路径，让企业文化得以由虚到实

在企业文化的落地过程中，要想让企业文化这种精神上的力量成为现实生活中企业的发展助力，就必须要找到落实企业文化的载体和路径，让员工能有一个明确的学习方向，否则企业文化就成了空中楼阁，没有任何实际的意义。当然，企业文化的载体和路径不是随随便便就可以决定的。管理者要想让员工更快、更好地接受

企业文化，就必须选择员工使用最多的文化传播工具，就好像早期的企业文化宣传可以采取公告栏等方法。但是对于现如今的企业来说，最好选择企业网站、举办活动等方法来进行企业文化的落实。

2. 领导者做好榜样，由上到下、由点到面地实施

在企业文化落地的过程中，领导者的工作态度和行为对于员工有着莫大的影响。要知道，群众的眼睛都是雪亮的，领导者更是他们学习的榜样。只有领导者以身作则，做好企业文化的执行工作，这样才能更好地在企业的发展中由小到大、由点到面地实行企业文化的落实工作。

3. 注重制度的实施细节

企业文化落地的一个重要方面就是需要制度来为企业文化保驾护航。正确认识企业的规章制度，能够为企业文化的实施提供重要的参考依据。在上文中我们也提到过，制度能够让企业文化的实施有更高的执行力。但是管理者同样应该注意过犹不及。因此，在落实的过程中要注重采取适当的方法来促进企业文化的执行，让员工基本按照制度行事，但是制度之外又要有着可以自由发挥的空间，真正让员工从内心深处认可企业文化，从而促进企业的不断发展。

企业文化的落地与否关系到企业能否更好地将自身的理念和价值观融入员工的思想之中。现在许多企业的管理者并不注重企业文化在实践过程中所面临的一些细节问题，从而导致企业文化根本无法发挥出其强大的凝聚力、向心力和导向作用。因此，管理者在进行文化管理的过程中，务必要注重企业文化落地的细节问题。

第六节 避开企业文化的误区

在21世纪,企业建立自己的企业文化并成功将其落地,成为决定企业生存和发展的一个重要因素。当然,随着社会的发展,越来越多的企业已经对企业文化的重要性有了深刻的认识。但是,仍然有许多企业陷入了企业文化建设的误区当中,这样不仅没能让企业从中获益,反而还浪费了大量的时间和精力,最终得不偿失。只有避开企业文化的误区,才能让企业更为顺利地走好企业文化的建设之路,从而建设出优秀的企业文化,促进企业的发展。其实,企业文化的构建与落地是一个长期的过程,其中必然会存在一些阻碍和误区。如何避开企业文化的误区已经成为管理者进行文化构建与管理的重中之重。

误区一:企业文化过于表象化

在企业文化建设的过程中,一些企业为了追求企业文化形象,盲目追求企业文化的形式,但是却忽略了将企业文化与企业本身的经营理念和企业精神相结合,从而使得企业文化成了脱离企业实际情况的空谈,企业并没能通过文化建设表现出自身的内在价值和理念。因此,在建设企业文化的过程中,切不可让企业文化过于表象化,从而失去了企业文化构建的真正意义。

企业文化要想对企业的发展产生强大的推动力，企业就必须要将基本价值观融入其中，并且集成公司的经营理念，再通过企业的各种活动表现出来，从而形成比较完整的企业文化。

误区二：企业文化呈现趋同化

企业文化的强大作用使得越来越多的企业开始重视文化建设，于是很多企业开始将企业文化建设提上日程。但是，由于很多管理者对于企业文化的认识深度不够，在构建企业文化的过程中借鉴甚至是照搬成功企业的文化理念，这种做法使得企业文化缺乏了自己企业本身的个性与特点。因此，企业文化在建设中呈现趋同化，这使得企业的发展失去了鲜明的个性和特色，也让企业文化成了"共有文化"。

企业应该构建出有着自身个性和特色的企业文化。要知道，在当前这个大环境之下，要想企业文化真正地帮助企业在市场上占据一席之地，就要根据不同企业的行为规范、思维方式和运营理念进行具体的设计定位，从而让企业文化发挥作用，不断促进企业的发展和进步。

误区三：企业文化过于空泛化

企业文化的过快发展使得它失去了表现企业独特性的作用，进而无法给企业员工带来正确的导向、激励作用。要想企业文化更好地体现企业精神，企业就必须摆脱以往那些空泛的口号。这些空泛的口号不能让员工产生共鸣，也不能让员工产生强烈的凝聚力和向心力。

企业文化的构建和落实需要随着企业的不断发展而进行不断的调整和丰富。成功落地的企业文化不仅能够真正反映出企业的经营状态，还能够反映企业的发展方向。因此，在管理过程中，管理者要有意识地对企业文化进行调整，并将其不断落实到企业的管理之中，让企业文化更加符合新时代的要求。只有这样，企业文化才能摆脱空泛化的套路，继而不断渗透到员工思想中去，并让企业获得特有的竞争优势。

误区四：企业文化过于单一化

在很多管理者的眼里，企业文化可能就是体现在运动、举办晚会、成立图书室等比较文体化的方面。其实这种片面的认识显然误解了企业文化的含义。虽然这些文体化的活动对于企业文化的建设是非常有帮助的，但是要想让企业更好地依靠企业文化来留住人才，企业就不能进行单一的文化建设，而是要进行系统的文化建设。

企业文化的建设是一个系统的工程，单一的精神层面上的文化建设并不能让企业文化发挥它最大的作用，所以企业文化建设要配合相应的物质奖惩以及制度约束。在企业文化落地的过程中，制度的约束和物质的奖惩能够对企业的全体员工起到相应的行为规范和行为约束作用，从而提高员工对于企业文化的执行力。

其实，在企业文化的构建和落地的过程中，企业不可避免地要遇到一些困难，但是切不能让企业文化陷入以上的误区之中，否则企业文化的建设就失去了意义。因此，管理者要学会避开这些误区，真正让优秀的企业文化来推动企业不断发展，让企业真正拥有属于自己的优秀文化力量。

第七节　华为启示录：华为文化的建设与落地

著名管理学教授陈春花曾经说过："缔造企业文化是头等大事。"对于现代企业来说，企业文化已经成为影响企业发展的一个重要因素，也是企业发展的一个重要"软实力"。而华为在近两年的发展中更是突飞猛进，这与华为企业文化的构建和落地有着莫大的关系。

华为由一个小公司经过不断地发展，已经逐渐成为如今业务遍布各地、拥有17万员工、步入行业前列的一个国际化大公司，并且成功地改写了全球通信制造业的格局，创造了通信行业的一个奇迹。那么，华为的企业文化究竟是如何建设和落地，并且不断促进企业发展的呢？

1. 实事求是：文化根据企业经营特点而不断变化

其实，纵观华为的发展史，华为的企业文化是随着其核心价值观的不断丰富和完善而不断改变的，但是企业文化的改变却始终围绕着为客户服务的核心观念进行。华为在企业文化构建的过程中，始终坚持实事求是的发展创新之路，但是又依照市场发展的行情，坚持30%的创新。华为在追求稳定发展的同时，又能够给用户带来新的体验与感受。

2. 团队意识：强烈的"家族"集体观念

华为作为一个"狼性"企业文化的典型代表，对于团队意识的建设是非常在意的。就好像狼一样，它们总是团队作战，很少出现单独出没的情况，所以才有了"猛虎群狼"的说法。因此，强烈的团队意识让华为的员工有着超强的凝聚力和向心力；因而在竞争日益激烈的今天，华为才能够在商场占据一席之地，并能够迅猛地发展。

3. 策略落地：超强执行力与制度相结合

华为的"狼性"文化得到了所有员工的支持和执行。在华为企业文化落地的过程中，每一个华为人都有着超强的执行力，并且管理者建立了相应的制度来维护企业文化。在企业文化落地的过程中，华为根据相应的企业制度，在每周的例会上带领大家一起学习，让企业文化真正落地，从而促进华为的不断发展。因此，在企业文化构建之后，华为能够得以迅猛发展，这与它的企业文化落地也有莫大的关系。

资源是会枯竭的，唯有文化才能生生不息。在企业的发展之中，华为企业文化的构建和落地是帮助华为走向更大舞台的一个重要因素。企业文化如同企业的意识形态，也是企业得以发展的精神支柱。华为的企业文化为其发展指明了方向并发挥了积极的导向作用，将企业的发展方向更加明确化。因此，华为的发展与企业"狼性"文化的构建和落地密不可分。

第九章
危机管理：危机预防和危机处理

随着市场竞争的激烈，越来越多的企业开始重视危机管理。要做好危机管理，首先要培养全体员工的危机意识，并建立预警机制预测危机，还要成立专门的危机管理小组来应对可能产生的危机。其次，还要建立有效的信息传播系统，尽量避开危机管理的雷区。

第一节 培养全员危机意识

曾经有人这样说过:"21世纪,没有危机感就是最大的危机。"危机意识的存在能够帮助企业在激烈的市场竞争中多一分竞争优势。因此,对于当代企业的管理者来说,培养全员危机意识已经成为企业管理者关注的一个重要内容。随着互联网时代的到来,市场竞争愈来愈激烈,没有危机意识的企业只能如同温水中的青蛙一样,最终面临着死亡的结局。危机意识可以用大自然中生物间的捕食关系进行很好的诠释。

茂密的丛林中生活着各种各样的动物,它们经历着无法逃避的物竞天择现象。这里有着凶猛的肉食动物:狼。狼是强大的,它们不停地捕食丛林中的小动物,兔子们疯狂地逃跑,它们甚至能机警地躲过狼群的追捕。于是,狼和兔子就在这打打杀杀中"和谐"地生活着。终于,狼群遭到了人类的疯狂捕杀,狼群数量开始减少,直至在这片丛林中消失。

没有了天敌的兔子们高兴极了,它们开始疯狂地啃食草地、繁殖后代。兔子从来没有想过这种肆意生活的后果,它们的族群越来越大,它们啃光了大片的草地,开始变得臃肿而肥胖,但它们依旧不懂得居安思危，依旧迷恋着舒适的生活。终于有一天，狼群又出现了，可兔子们却没有了之前的逃跑能力，它们的同伴不断被狼群捕食，此时兔子方才悔悟，但为时已晚。

兔子缺乏危机意识而终于招致了祸患，却无力抵抗。兔子不是唯一没有危机意识的动物。工作中，我们周围不懂居安思危的员工大有人在，正因为这样，他们可能给企业带来毁灭性的灾难。因此，企业管理者必须具有超前意识，注重培养员工的危机意识，将给企业带来不利影响的因素扼杀在摇篮里。

对于企业管理者来说，培养员工的危机意识需要做到以下两个方面：

一方面，培养企业全体员工的忧患意识。忧患意识就是我们所说的危机意识，是要求人们能在顺境居安思危，能够预见未来的危机所在，并在思想中对潜在危机进行防范。古语说得好："生于忧患，死于安乐。"对于企业同样如此。危机意识来源于人们内心的恐惧。企业管理者首先要能够感知危机，进而将危机出现带来的后果告知员工，并且要让员工知道危机与员工个人利益是息息相关的。这样员工也会对危机产生恐惧感，进而树立危机意识，并努力工作，为战胜危机做准备。

另一方面，要培养企业员工的团队意识，加强沟通。要想培养全员的危机意识就需要加强员工的团队意识，要让员工对企业有着超强的向心力和凝聚力，并能够对企业产生较强的归属感。只有这样，才能让危机意识真正深入员工心里，让员工把未来的发展和自身价值的实现结合起来。当然，加强员工团队意识的同时还要不断加强管理者和员工、员工和员工之间的沟通，让员工真正在沟通中了解公司现状，培养其防范危机的意识，从而真正做到未雨绸缪，防微杜渐。

海尔集团首席执行官张瑞敏曾经说过："永远战战兢兢，永远如履薄冰。"这就是海尔集团所始终保持的危机意识，也是海尔得以快速发展的一个重要因素。纵观当下那些知名企业，我们不难看出，这些企业都是有着超强的危机意识的，因此它们能够不在一时的成功之中迷失方向。正因为如此，才能让企业在残酷的竞争中多一些准备，更多了一些优势。

作为企业的管理者，培养全员的危机意识是管理者当下的重要管理方向之一。我们在上文也说过，只有管理者对危机管理加以重视，树立员工忧患意识、增强团队的合作和凝聚力，加强彼此之间的沟通，这样才能够更好地培养全员的危机意识。也只有这样，管理者才可以做到心里有数，从而更好地应对未来的挑战与困难。

第二节　建立预警机制，准确预测危机

危机是永远存在的，而预防危机是战胜危机最好的方法之一。不管是什么样的管理者，不管你的能力多么超群，你都不可能保证企业的发展可以完全避开危机，尤其是面对着复杂的市场环境的时候，企业更加不可能有着十足的把握避开危机。危机不是不可以从根源处解决的，但是管理者却可以优先选择从企业内部建立起有效的机制来对危机进行预防和监测。因此，管理者必须要有超前的危机意识，建立预警机制，最大限度地做到准确预测危机，从而更好地帮助企业在未来的发展道路上解决所遇到的各种问题。

杜晗是一个手机专卖店的店长，在智能手机飞速发展的那几年，杜晗凭着自己敏锐的眼光，做出了不俗的业绩。但是，杜晗并没有为此而沾沾自喜，他知道电子产品虽然在这两年热度不断攀升，但是，该行业同样将会面临着越来越激烈的竞争环境。为了更好地与其他商家竞争，就必须拥有自己的核心技术，这样才能在这个市场之中牢牢占据属于自己的一席之地。

因此，在所有人进行智能机的销售的时候，杜晗一边加大自己店里产品的销售量，一边不断引进技术维修人才和研发人员。在产

品销售过程中，顺便大力宣传自家专卖店的后续维修和保障服务，同时加大时间和金钱的投入，最终取得了较好的效果，打造出了拥有自己风格的手机维修店。果不其然，随着智能手机的普及率越来越高，手机销售的生意越来越难做，但是手机维修却成了业内新的发展方向，并且能够创造不小的利润。

居安思危是每一个管理者都应该懂得的，也是现代企业家应该特别注意的事情。在不断发展的今天，企业要想得以更好地发展，管理者千万不可沉浸在一时的得失之中，要建立起有效的危机预防机制。这样做才能在创造了不小的成绩的时候预想到未来的发展方向，才能够更好地应对未来的挑战。那么，在实际工作中，管理者如何更好地建立起预警机制，从而更好地、更准确地预测危机呢？

1. 设立起危机管理的常设机构

在企业发展的过程中，要想解决问题，就必须要让企业全员具备危机意识，这样才能够在企业面对困难的时候不至于手忙脚乱，从而冷静沉着地面对危机。因此，在企业设立危机管理的常设机构是必不可少的，该机构成员可以由各部门有决策权的负责人组成，成员彼此间要保证畅通的联系，这样，就可以在危机发生的第一时间将该机构转化为危机管理的专属机构，从而更好地去解决危机。

2. 建立起危机预警系统

其实，在危机来临之前，一般都是会有一些信号的。这就需要管理者建立起危机预警系统。比如说：当企业的销售和运营部门出现业绩下滑情况的时候，就有必要提前要求决策部门对其加以关注并且加强监测。当然，企业管理者不可盲目信任危机预警系统，自身也要具备敏锐的洞察力，时刻关注着危机出现的前兆。只有管理者将自身能力与危机预警系统相结合，才能更好地促进企业的发展。

3. 制定危机应对管理方案

对于一个企业来说，危机是无法规避的，但是确是可以预防的。而有效的危机应对管理方案能够帮助企业防止危机的出现对企业造成过大的损失。因此，要想建立起有效的危机预警机制并且准确地预测危机，就需要管理者提前对危机制定出相关的应对管理方案。这样就可以让企业对危机的发生有一个大致的准备，不至于在危机发生的时候感到措手不及。

4. 加强企业内部的沟通

要想成功抵御危机对企业的侵害，就需要在各部门之间建立一个有效的沟通交流平台。在企业内部交流的过程中，管理者可以从各个部门的工作业绩上，对企业所处的现状进行清晰而准确的了解。而且，最为关键的是，加强企业内部的沟通和交流能够让各部门人员明白在危机到来的时候需要如何相互配合来化解危机，这样同时还可以增强团队合作的默契程度和凝聚力，让企业全员更好地完成工作目标。

企业管理者要懂得居安思危，只有尽早建立有效的预警机制，在危机发生之前进行有效的预防和处理，才能让企业不至于损失过大。危机管理的核心就是进行危机的预防，因此，管理者要学会做企业的有心人，建立有效的危机预警机制，在企业遇到困难的时候能够第一时间对危机进行处理，并且依靠大家的力量带领企业早日走出困境。

第三节　成立专门的危机管理小组

企业在进行危机管理的过程中，成立专门从事危机工作的小组和机构是非常有必要的。而这个小组成立的最终目的就是为了让企业能够在危机到来之前防患于未然，或者使得危机带来的损失降到最低。因此，在企业的危机管理之中，成立专门的危机管理小组是管理者进行危机管理的重中之重。

1. 小组成员的组成

危机管理小组一般由企业的领导人物、公关专业人员、生产部门、销售人员、法律专业服务人员和客服人员组成。该小组的建立力求能够覆盖公司运营的方方面面，尽量做到每一个人都能对危机有及时的预防和反馈。

这些成员必须对企业运营流程有基本的了解，并且要具有敏锐的观察力和行动力，要能够在危机出现的第一时间有所察觉。比如：销售部门的人员对于产品的营销有着最为优先的话语权，对产品的销售流程有着深入的了解，能够第一时间了解到消费者的需求，也能很快地察觉到销售流程中出现问题的环节，从而提前进行预防。

2. 领导人的重要作用

危机管理小组的领导人必须是有着决策权力的人，必须能够在发生重大危机的时候及时调动企业人员和资源。因此，小组的领导人最好是企业的最高权力拥有者，这样小组的领导人就能够协调企业的各个部门，在危机发生的第一时间掌控全局。假如由那些权力不够的人来担任负责人，这样可能导致其他部门为了自己部门的利益，在危机处理时不服从领导者的调配，从而错过解决危机的最佳时机。

小组的负责人还要有赏罚分明的工作态度。对于那些在危机处理之中能够做出巨大贡献的员工应给予积极的精神和物质上的鼓励，但是对于那些在危机管理过程中逃避责任、向公司内部传播不良消息从而影响公司运营的人，要进行严厉处罚。管理者只有做到赏罚分明，才能让危机管理小组的管理更加能够让别人信服。

3. 注意事项

企业危机管理小组并不是简简单单地从各部门调出几个人就可以成立的，而是需要在保证战略方向一致的前提下选择合适的成员和执行人。另外，需要格外注意的是：危机管理小组的成员们必须有同样的价值观和良好的职业道德；同时，在危机处理的时候，各个成员要抱着相互尊重和学习的态度，真正将危机的预防和处理列入责任范围之内；最后，危机处理结束并不代表着危机管理工作就停止了，企业随后还要进行形象修复的工作，要安定企业内部员工的人心和提升企业外部的形象，以免造成员工和消费者的恐慌。

以上就是成立企业危机管理小组应该了解并做到的三个方面。要想彻底解决危机就需要尽可能地预防危机的发生。危机的不确定性和强大危害性迫使我们必须深入挖掘企业危机管理的本质意义，成立专门的危机管理小组，让企业管理者在遇到危机、处理危机的时候不会自乱阵脚，能够冷静处理。因此，在企业的危机管理中，成立专门的危机管理小组是非常有必要的。

第四节　危机中企业的生存法则

随着市场经济形势的愈发严峻，越来越多的企业开始寻求危机中企业的生存法则和发展之路。海尔企业的"如履薄冰、战战兢兢"、小天鹅的"末日管理"等都是现如今企业实现危机管理的有效方法，也是其他企业应该学习的典范。因此，对于如今企业的发展来说，了解危机之中企业的生存法则是至关重要的。

大众汽车作为中国销售量非常高的汽车，在汽车市场中有着较高的人气。但是，就在大众即将完成累积生存和销售1000万辆车的目标之时，一汽大众向国家质监局备案了车辆召回计划，将车辆销售排名一直位列前十名的"新速腾"进行召回。原因就是该款车出现了产品问题，并且消费者对大众集团后续解决方案表示不满意。因此，大众集团果断制定决策，召回有问题的汽车。这种做法可能会在短期内降低一汽大众的品牌影响力，并且导致旗下产品的销量下滑，但是大众集团负责人的一系列做法却为他们赢得了更多的信任和关注。

在召回"新速腾"之后，一汽大众集团围绕着"2020战略"的实施，实行了一系列的补救措施。一汽大众集团召开了广州国际车展等一系列活动；还将汽车开进了大学校园，举办了"众乐汇"等活动，让更多的学生了解一汽大众的信息，让一汽大众品牌更加年轻化，真正将"新速腾召回"事件的负面影响降到最低，将此次危机转化为一汽大众的转机，从而使一汽大众集团在汽车市场得以更好地生存和发展。

没有一个企业能够在生存和发展的道路上一帆风顺，危机是绝对不可能完全避免的。那么，对于企业的管理者来说，危机之中企业的生存法则是什么呢？企业在危机中生存，需要管理者遵循以下四个法则：

法则一：实事求是：与其掩盖危机不如解决危机

在危机发生的第一时间，大多数企业都会企图将危机掩盖。但是，这样的掩盖只能起到暂时的缓解作用，无法真正让企业避免受到危机的冲击。而要想真正让企业度过此次危机，就必须要直面危机、解决问题，从而帮助企业彻底走出此次危机的阴影，让企业在未来的发展道路上走得更远。就好像一汽大众的召回事件一样，产品出现问题的最好解决办法就是选择召回，在第一时间直面问题并采取相应解决措施，这样反而能够更好地解决危机。

法则二：提高企业的信息透明度

在互联网高速发展的今天，要想企业更好地适应时代的发展，就必须要提高企业的信息透明程度，让企业的全体员工了解企业的现状。宁可发现小问题及时进行处理，也不能让小问题发展成为影响企业发展的危机。因此，危机之中企业的生存法则之二就是需要提高企业的信息透明度，让更多的员工开始对企业产生归属感，帮助公司及早预测危机，提前预防和处理危机。

法则三：提升企业的危机管理能力

对于当今企业来说，企业的管理能力是企业吸纳更多的人才为其服务的关键。而在危机处理之中，企业的决策能力决定了企业在危机发生的第一时间对其压制的能力。但是，很多企业有着较强的集权化和简单化管理的特点，这导致了企业的危机处理方式往往由掌权者自己决定，但一个人的决定往往是片面的。因此，危机中企业的生存法则三就是要提高管理者的危机管理能力，吸纳更多的人才，让管理更加系统化和科学化。

法则四：提升企业自身实力

企业要想得到更好的发展，提升自身的实力是最为关键的。实力决定一切。随着市场竞争激烈程度的不断增加，企业自身的实力已经成为企业进行市场营销的主要竞争优势。因此，不断提高企业自身的实力是企业进行危机管理的有效方法之一。

以上就是危机中企业的生存法则。对于企业的管理者来说，必须对其加以重视。既然无法避免危机，就必须了解如何预防和处理危机。此外，管理者还应该遇事沉着冷静，这样才能在企业遭遇危机时，仔细审视企业的情况，安抚人心，进而拉动企业内部人员共同面对危机，带领企业全体员工在危机中转危为"机"，促使企业得到更好的发展。

第五节　建立有效的信息传播系统

　　有效的信息传播系统能够为管理者在危机处理的时候提供决策支持，并且协调各部门之间的危机管理配合工作，达到安抚人心和制造舆论支持的目的。信息传播系统对于当代企业来说，发挥着不可替代的作用。良好的信息传播系统能够在危机管理之中发挥巨大的作用。因此，建立起有效的信息传播系统是管理者进行危机管理的重要方法。

　　企业在进行危机管理的过程中，有效、积极、正能量的信息传播能够达到安抚员工情绪、巩固员工之间凝聚力的作用；同时，也能够让员工慢慢对企业产生强烈的归属感。那么，管理者如何在危机管理之中建立起有效的信息传播系统呢？

1. 构建危机管理的信息公开机制

　　一般来说，当企业陷入困境或者面临危机的时候，往往会导致企业自乱阵脚。这个时候，处理危机的最好的办法不是隐瞒不报，而是让全体员工了解企业的现状，从而更好地凝聚人心，鼓励员工共同面对危机。当然，在危机出现之前，有效的信息传播能够方便各部门工作的开展，让员工更好地完成工作任务，从而避免危机的出现，促进企业的发展。

2. 加强信息沟通，完善协调机制

"堵不如疏"是谁都明白的水患处理方法，也是当代企业管理者在面对危机时应该格外注意的一点。有效信息传播系统的建立是为了加强各部门之间的沟通，方便各部门更快地对危机进行预防、处理和善后。因此，加强信息沟通，完善各个部门之间的协调机制是信息有效传播的前提。

3. 让新闻媒体和信息传播系统有效结合

在企业的危机管理之中，企业要想更好地处理危机，就必须借助新闻媒体来不断提高企业的品牌影响力，取得消费者的舆论支持，同时达到一定的营销效果。新闻媒体能够更快、更加公正地将企业的信息传达到客户的手中和心中，从而为企业取得社会各界人士的支持，为危机的处理预留出更多的时间。

4. 科学、有根有据地进行信息传播

有效信息传播系统所传播的信息必须是科学的、有根有据的，不然无法达到信息传播的最终目的。对于企业的员工而言，信息的传播是大家了解产品及企业的主要手段。企业要想在未来发展的过程中更好地面对危机，就必须让信息传播系统传播的信息有理可依，而且信息传播系统必须公正地向人们传达企业发展的现状，这样才能增强员工的危机意识，让员工更加尽职尽责地工作，从而促进企业的不断发展。

对于企业管理者而言，以上就是构建有效的信息传播系统的方法。危机处理是一场没有硝烟的战争，它的目的并不是单纯地去解决危机，更多的是要在这场战争中带领企业走出困境，让企业走上

更好的发展道路。所以，管理者一定要重视企业有效信息传播系统的建立，在企业危机的处理之中更好地运用各种有效沟通方法，减少复杂而又不必要的程序，更好更快地去解决问题。

第六节 避开危机管理的雷区

在企业发展的过程中，危机的出现是不可避免的，如何避开危机管理的雷区也就成了企业管理者应该重点关注的问题。要知道，判断一个企业的竞争力，最简单的判定标准就是看企业管理者的危机处理能力。因为，危机处理能力直接决定了企业的发展前景。因此，企业管理者要了解到危机管理的雷区，从而更好地处理危机。

预防危机、处理危机和危机过后的善后修复工作在企业的危机管理之中都是非常重要的。但是，要想更好地进行危机管理，就必须避开危机管理的雷区，同时在第一时间进行危机处理。那么，在危机管理的过程中，管理者要想避开危机管理的雷区，就需要格外注意避免以下几种情况：

1.思维受限，缺乏预见性

要想避开危机，最为重要的就是需要有预见危机的能力，能够在危机出现之前进行及时预防，从而不断地将危机扼制在萌芽之中，阻止危机的发生。在危机管理之中，企业要想得到更好的发展，就必须要具有"先见之明"。因此，要想避开危机管理的雷区，就要求管理者必须要保持清醒的头脑，不要在成功之中迷失方向，要时刻保持警惕，以免出现重大危机。

2. 惯性思维严重，缺少应变能力

惯性思维已经成为限制管理者进行危机管理的一个重要思维方式。危机作为一个突发事件，需要管理者有超强的应变能力。管理者要能够在危机发生的第一时间做出正确的决策，确保危机能够在第一时间被控制住，这样才能避免企业因为危机造成更大的损失。所以，管理者要想避开危机的雷区就必须要改变惯性思维的方式，增强应变能力，从而更好地处理那些突发危机。

3. 信息渠道不畅通，报喜不报忧

很多时候，危机出现都是由于下属部门报喜不报忧。而要想更好地防范危机就必须要保持企业内部信息渠道的畅通和信息的及时传递，让决策者能够了解第一手信息，从而进一步地完善危机预防与处理系统，从而确保管理者在危机发生时可以做出正确的决策。

4. 表面文章严重，措施无法落实到实处

企业领导者在进行管理的时候，经常将管理停留在表面上，危机处理措施不能真正落到实处，导致危机不断蔓延，甚至恶化，结果给企业造成巨大的损失。所以，要想避开危机管理的雷区，管理者就需要亲自到基层进行督察，监督员工的工作执行情况，这样做能够在措施的实行过程中及时发现漏洞并立即进行弥补，从而真正将危机处理决策落实到生活与工作中来。

5. 不能果断决策，贻误危机处理的最佳时间

危机具有突发性，管理者预防和处理危机的时候就需要果断地做出决策，在第一时间将危机处理掉，防止危机进一步恶化，导致最坏的结果发生。面对危机，管理者只有果断决策、理智决策才能将企业的损失降到最低。

6. 无法做到言出必行，管理缺少信服力

作为企业的管理者，要想让员工对自己信服，就必须要做到言出必行。管理者只有能够真正地说到做到，才能更好地进行危机管理。在危机发生的时候，正是考验管理者的素质与应变能力的时候。管理者只有时刻谨记自己要言出必行，才能让人信服，才能更好地安定人心，从而使企业上下团结一心，大家共同应对危机。

以上就是管理者应该在危机管理中避开的雷区。危机管理是使企业得以更好发展的关键，也是考验管理者能力的一个重要方式。要想处理好危机，管理者就必须要学会避开危机管理的那些雷区，这样才能让企业更加顺利地度过危机，转"危"为"机"。

第七节　华为启示录：《华为的冬天》

2001年，华为发展势头十分迅猛，此时华为总裁任正非在华为内刊上发表了一篇名为《华为的冬天》的文章，不仅在当时给予了华为适当的警醒，在整个行业内也引起了轩然大波。自此，"冬天"成了危机的代名词。

任正非作为华为企业的最高决策者，在企业发展较好的情况下，能够做到未雨绸缪、防患于未然，并且时刻告诫自己的员工：危机无处不在、无时不在，这使他成了无数管理者的榜样。以下就是华为总裁任正非发表的《华为的冬天》的一部分节选：

公司所有员工是否考虑过，如果有一天，公司销售额下滑、利润下滑甚至会破产，我们怎么办？我们公司的太平时间太长了，在和平时期升的官太多了，这也许就是我们的灾难。泰坦尼克号也是在一片欢呼声中出的海。而且我相信，这一天一定会到来。面对这样的未来，我们怎样来处理，我们是不是思考过？我们好多员工盲目自豪、盲目乐观，如果想过的人太少，也许就快来临了。居安思危，不是危言耸听。

……

十年来我天天思考的都是失败，对成功视而不见，也没有什么荣誉感、自豪感，而是危机感。也许是这样才存活了十年。我们大家要一起来想，怎样才能活下去，也许才能存活得久一些。失败这一天是一定会到来，大家要准备迎接，这是我从不动摇的看法，这是历史规律。

……

一、均衡发展，就是抓短的一块木板……

二、对事负责制与对人负责制是有本质区别的，一个是扩张体系，一个是收敛体系……

三、自我批判，是思想、品德、素质、技能创新的优良工具……

四、任职资格及虚拟利润法是推进公司合理评价干部的有序、有效的制度……

五、不盲目创新，才能缩小庞大的机关……

六、规范化管理本身已含监控，它的目的是有效、快速地服务业务需要……

七、面对变革要有一颗平常心，要有承受变革的心理素质……

八、模板化是所有员工快速管理进步的法宝……

九、华为的危机，以及萎缩、破产是一定会到来的……

十、安安静静地应对外界议论……

沉舟侧畔千帆过，病树前头万木春。网络股的暴跌，必将对两三年后的建设预期产生影响，那时制造业就惯性进入了收缩。眼前的繁荣是前几年网络股大涨的惯性结果。记住一句话："物极必反"，这一场网络设备供应的冬天，也会像它热得人们不理解一样，冷得出奇。没有预见，没有预防，就会冻死。那时，谁有棉衣，谁就活下来了。

通过《华为的冬天》我们可以看出，危机意识已经成为企业要想更好发展所必须具备的超前意识。没有哪个企业能够完全避免危机，就好像华为总裁任正非说的："华为的危机，以及萎缩、破产一定会到来的。"正是由于这种超前的危机意识，使得华为在发展的道路上能够不迷失在一时的成败之中，能够更加平稳地向前发展。那么，从华为的危机管理当中，管理者要借鉴以下几个方面：

1. 管理者必须要居安思危，能够预知未来的风险

任正非在《华为的冬天》中说道："公司所有员工是否考虑过，如果有一天，公司销售额下滑、利润下滑甚至会破产，我们怎么办？我们公司的太平时间太长了，在和平时期升的官太多了，这也许就是我们的灾难。"一个企业的发展之路必然会经历辉煌，也会经历一些危机。这个时候，就需要企业的管理者担负起预测企业未来发展之路的重任，在企业发展的辉煌时刻能够不陶醉于成功的欢愉之中，要学会居安思危、未雨绸缪、预知未来的风险，提前做好准备。只有这样，管理者才能在企业未来的发展道路上，更好地抵制住危机的冲击，帮助企业更好地发展。

2. 利用优势，填补劣势，实现均衡发展

"实现均衡发展，抓短的一块木板"是华为企业管理之中的一个重点，也是当今企业应该借鉴的一个方面。优势固然可以帮助企业更好地发展，但是要想让企业的发展规模提高一个档次，就必须要抓住公司发展的"短板"，把最薄弱的那个环节做好，实现企业的均衡发展，这样才能够让企业实现健康、可持续地发展。因此，企业的管理者应该学习华为的均衡发展理念，只有这样，才不至于让危机有机可乘。

3. 不断优化工作流程，提高工作效率

在华为，有效的工作流程是提高工作效率的保证，也是企业能够尽快处理危机的重要保证。在企业的发展过程中，工作流程的烦琐在很大程度上会耽误工作完成的进度。尤其是在危机的管理当中，烦琐的流程很可能耽误危机处理的最佳时间，造成严重的后果。因此，企业管理者要想更好地解决危机，就必须在工作中不断有效地优化工作流程，提高工作效率。

4. 树立危机意识和变革意识

任正非说过："面对变革要有一颗平常心，要有承受变革的心理素质。"变革是华为一直所坚持的，也是华为能有如此大发展的重要原因之一。任正非作为一个企业的最高领导者，一直有着一颗不断变革和不畏危机的心，他带领着华为不断发展。因此，企业管理者要想得到更好的发展，就必须要树立危机意识和变革意识，这样才能帮助企业更好地度过"冬天"。

华为除了有着以上先进的管理方法之外，它的成功还不得不归功于任正非的个人魅力。危机管理最关键之处就是要预防。而任正非正是有着超前的预测意识，能够真正做到防患于未然。因此，在企业的发展过程中，管理者要学习华为的"冬天"意识，真正肩负起自己的责任。